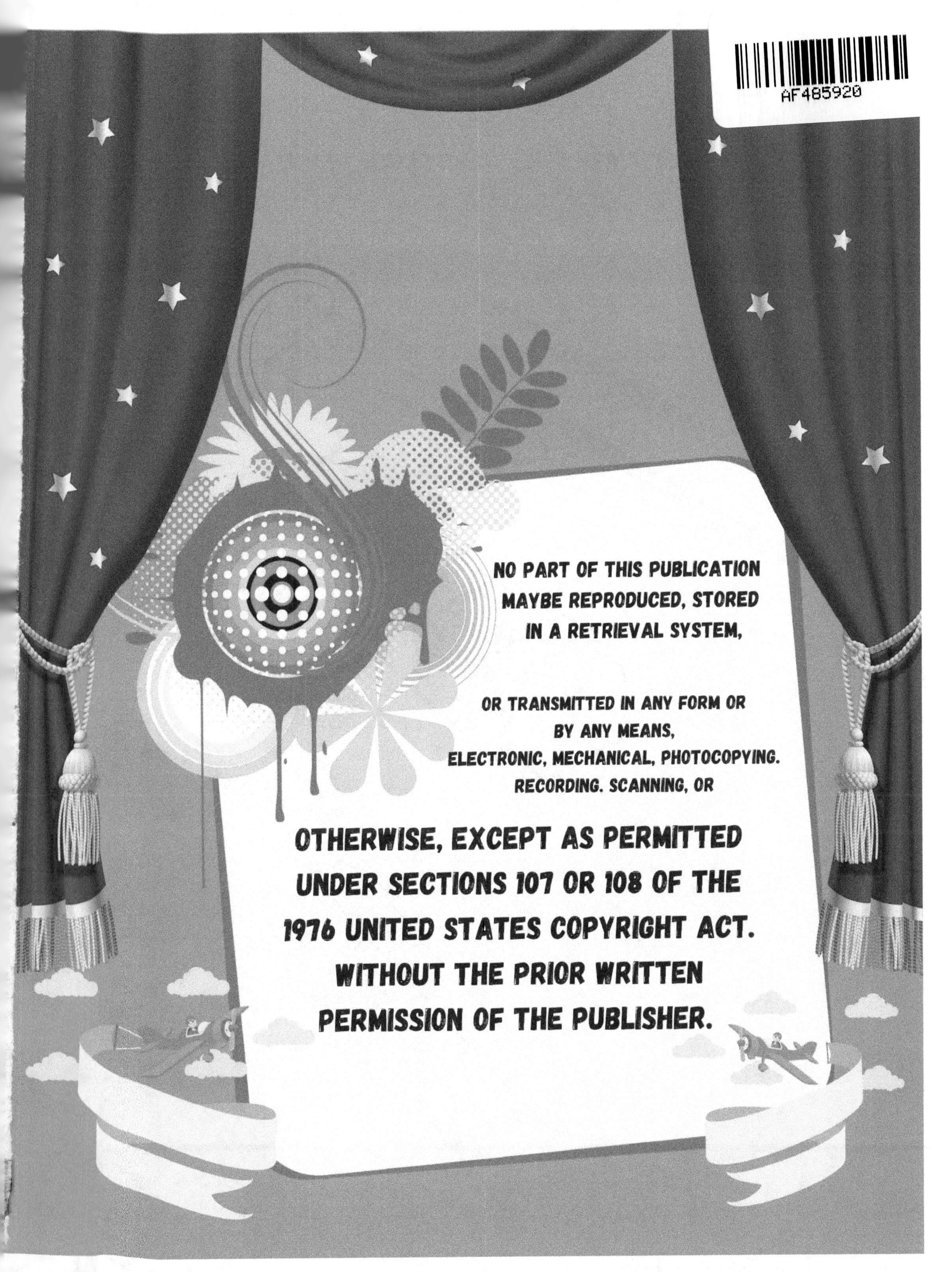

AF485920
NO PART OF THIS PUBLICATION MAYBE REPRODUCED, STORED IN A RETRIEVAL SYSTEM,

OR TRANSMITTED IN ANY FORM OR BY ANY MEANS, ELECTRONIC, MECHANICAL, PHOTOCOPYING. RECORDING. SCANNING, OR

OTHERWISE, EXCEPT AS PERMITTED UNDER SECTIONS 107 OR 108 OF THE 1976 UNITED STATES COPYRIGHT ACT. WITHOUT THE PRIOR WRITTEN PERMISSION OF THE PUBLISHER.

THESE ARE SOME TOOLS I LOVE TO USE

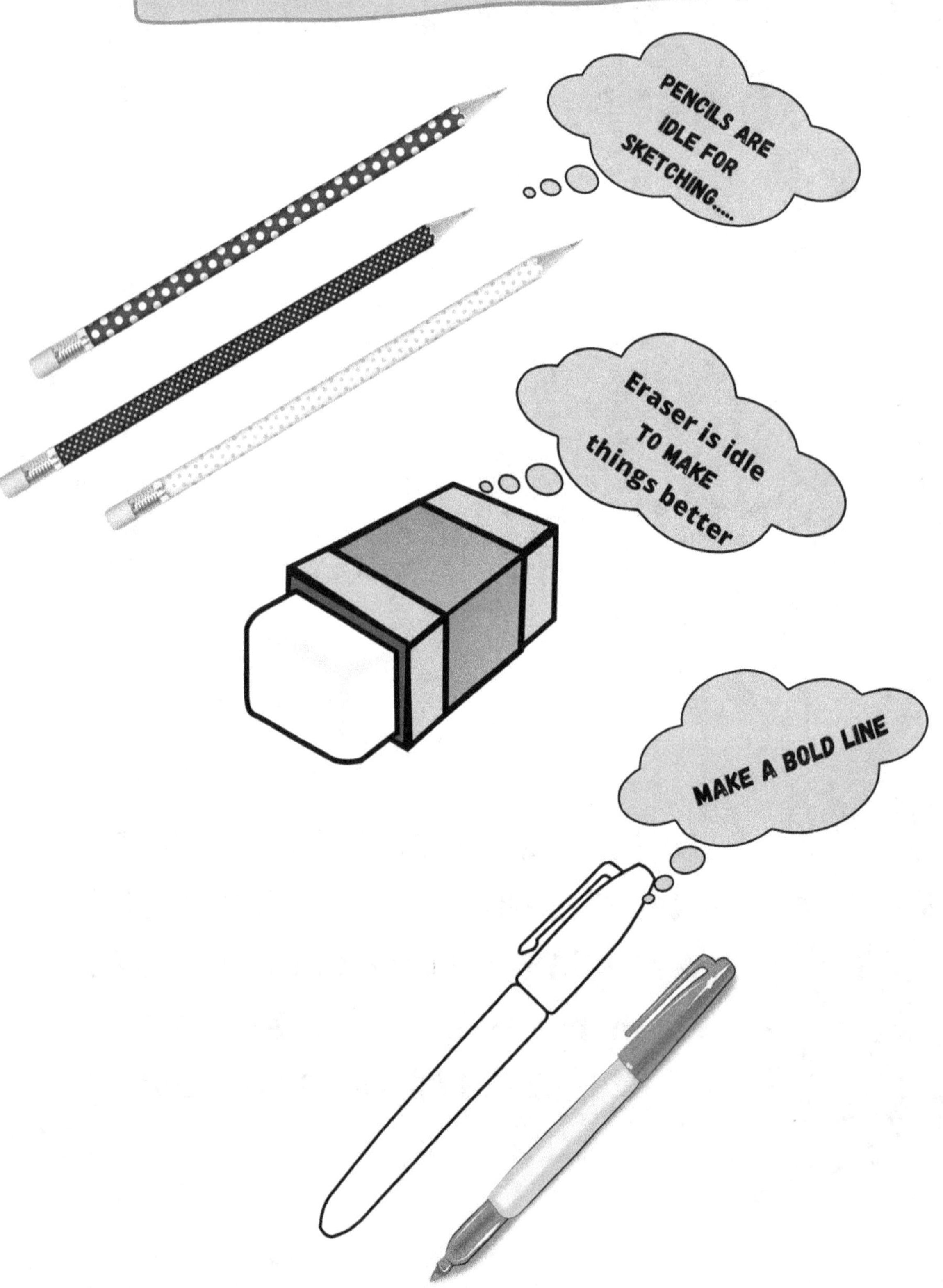

How to Draw an Arctic Fox

1.

2.
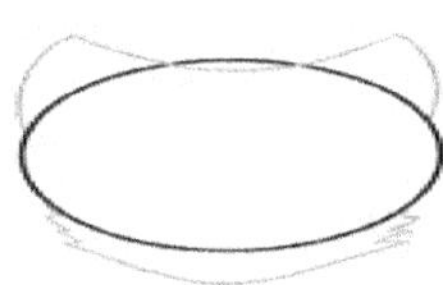

3.
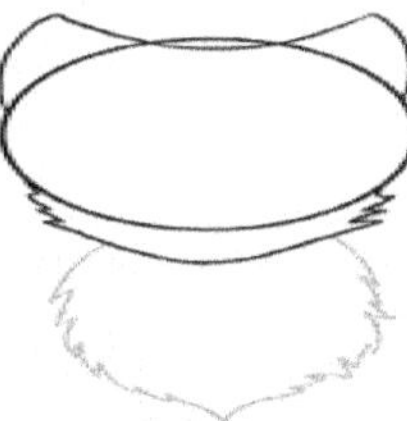

4.
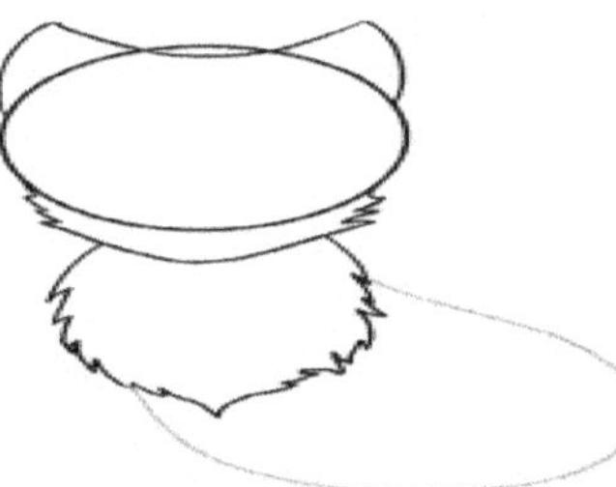

5.
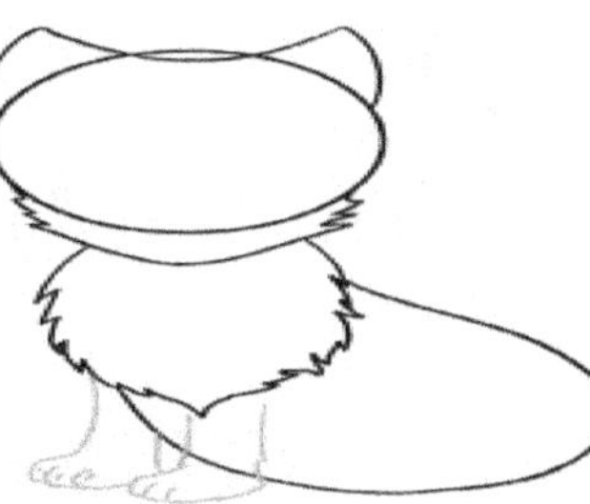

6.

7.

8.

9.

How to Draw a Baby Bear

2.

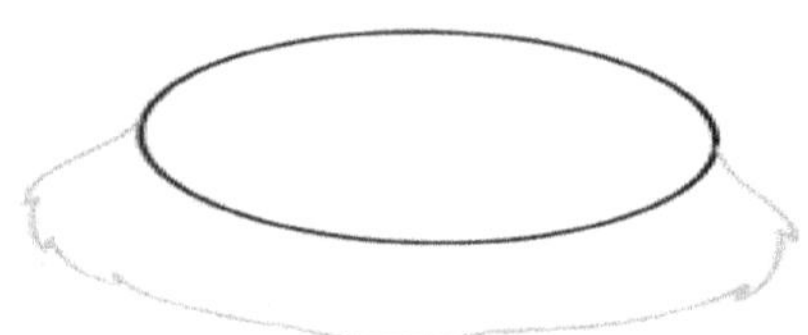

3.

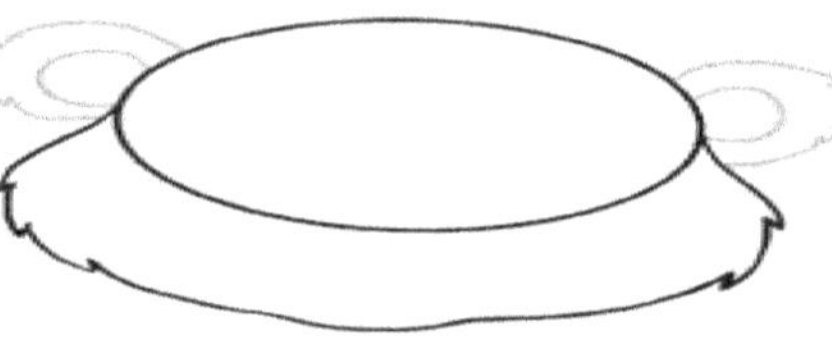

4.

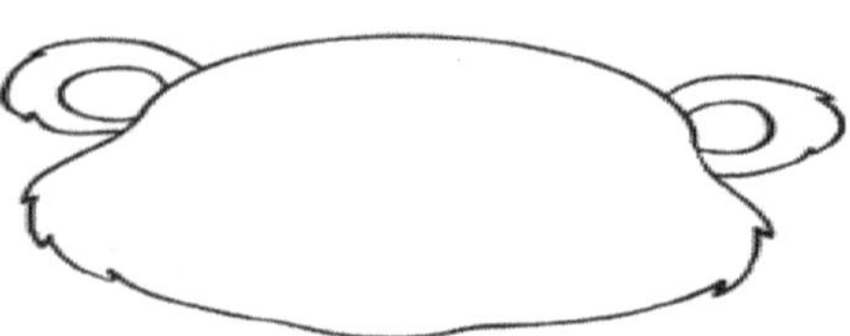

5.

6.

7.

8.

9.

1.

How to Draw
a Baby Bunny

2.

3.

4.

5.

6.

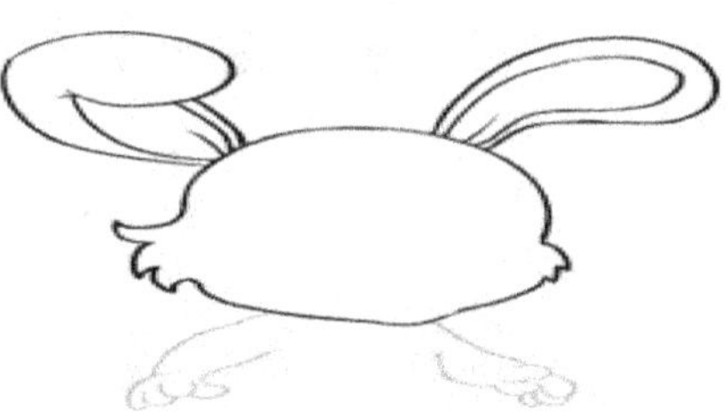

7.

8.

9.

How to Draw
a Baby Deer

1.

2.

3.

4.

5.

6.

7.

8.

9.

How to Draw a Baby Elephant

2. 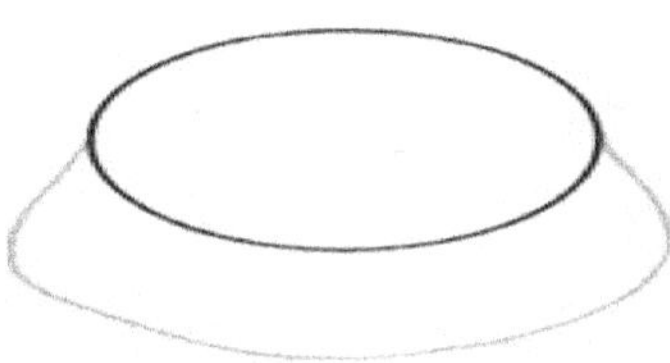

3. 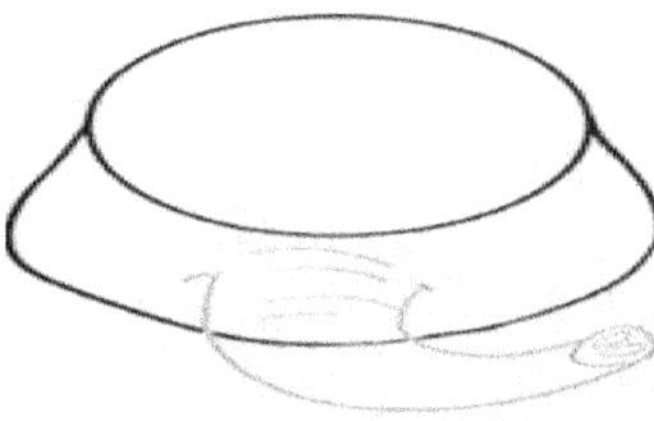

4. 

5. 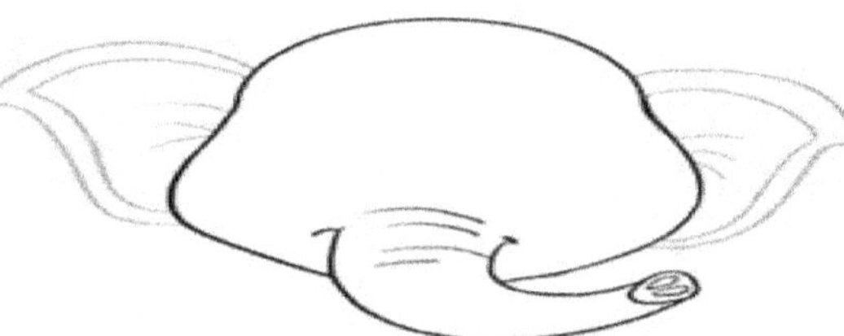

6. 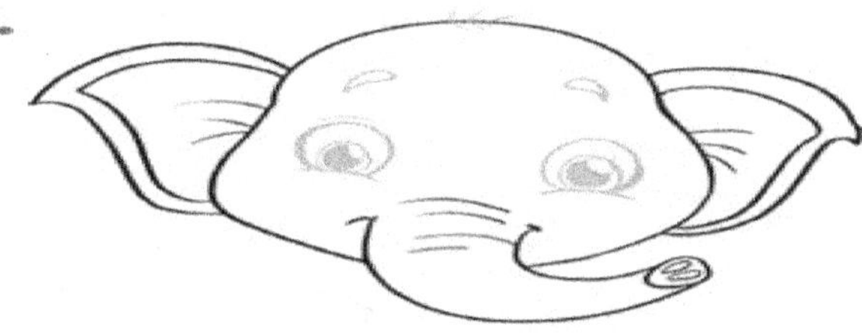

7. 

8. 

9. 

How to Draw
a Baby Fox

1.

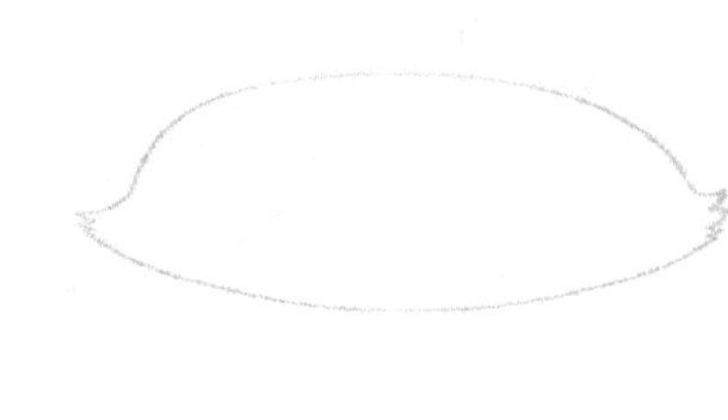

2.

3.

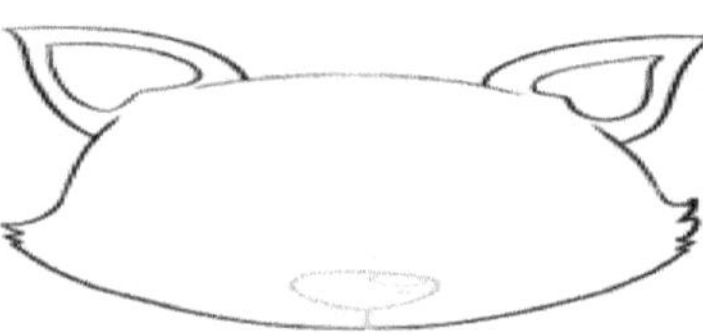

4.

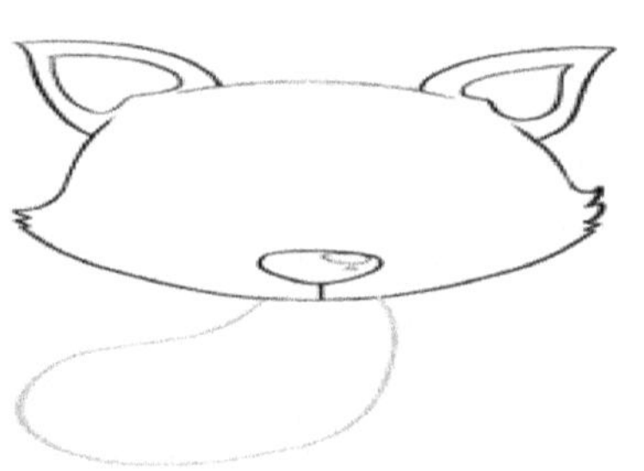

5.

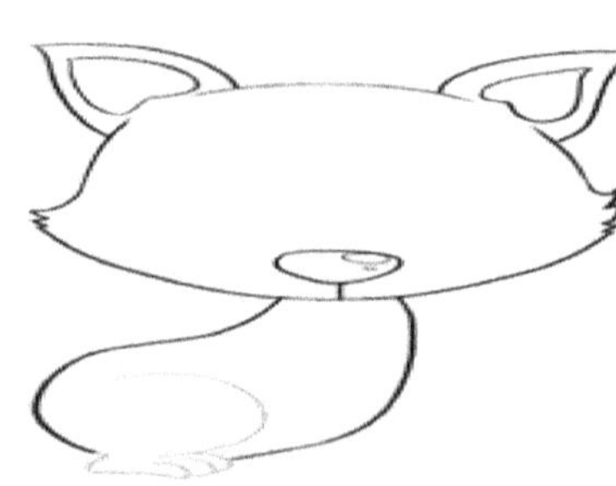

6.

7.

8.

9.

How to Draw
a Baby Giraffe

1.

2. 

3. 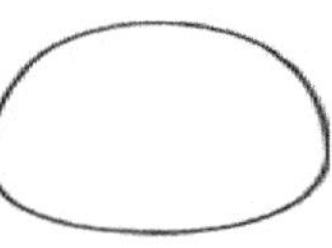

4. 

5. 

6. 

7. 

8. 

9. 

How to Draw
a Baby Seal

1.

2.

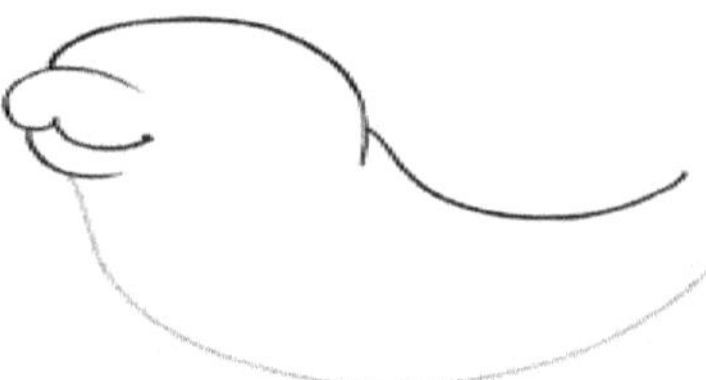

3.

4.

5.

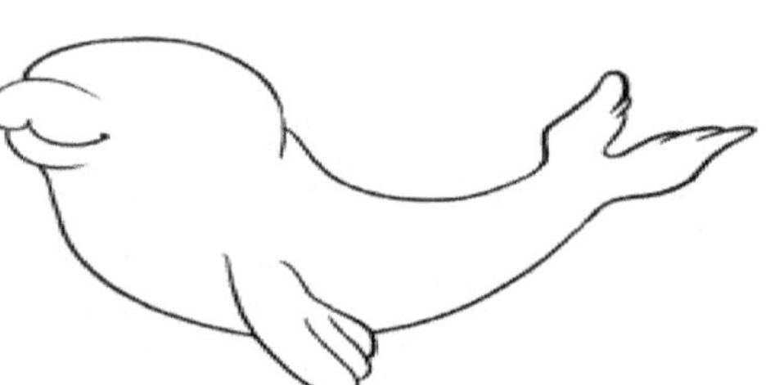

6.

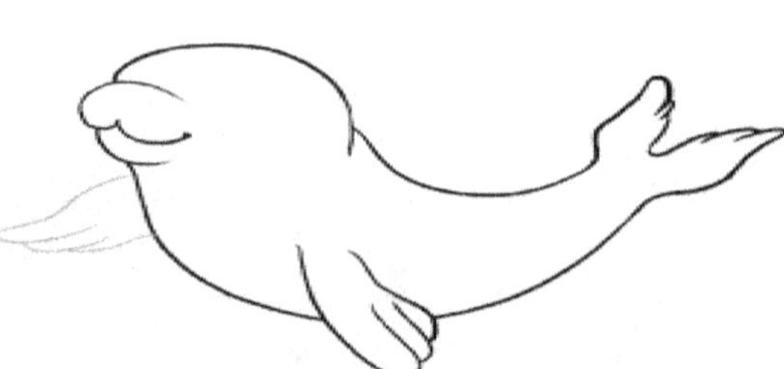

7.

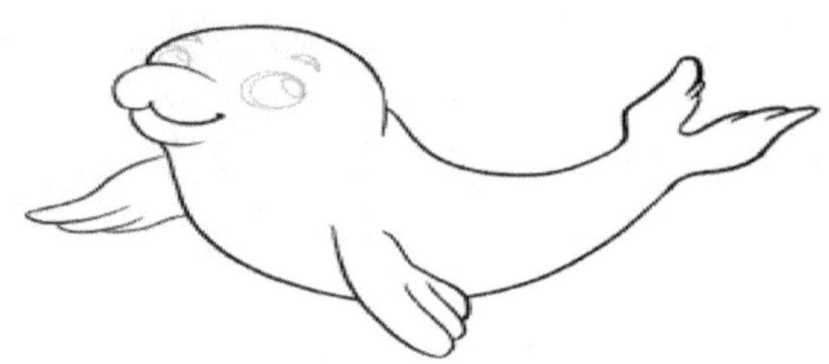

8.

9.

How to Draw a Baby Wolf

1.

2. 

3. 

4. 

5. 

6. 

7. 

8. 

9. 

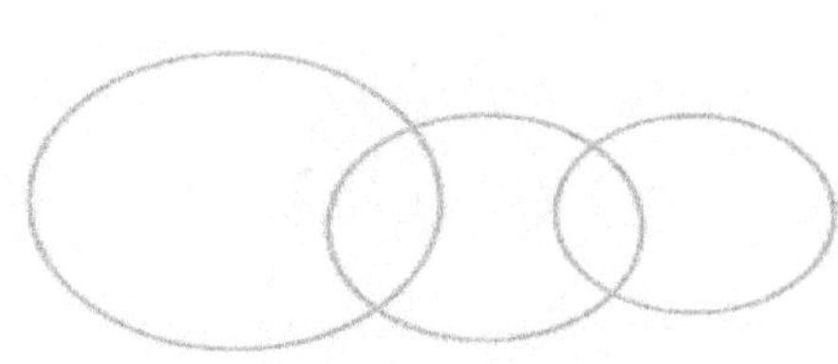

1.

How to Draw
a Beaver

2. 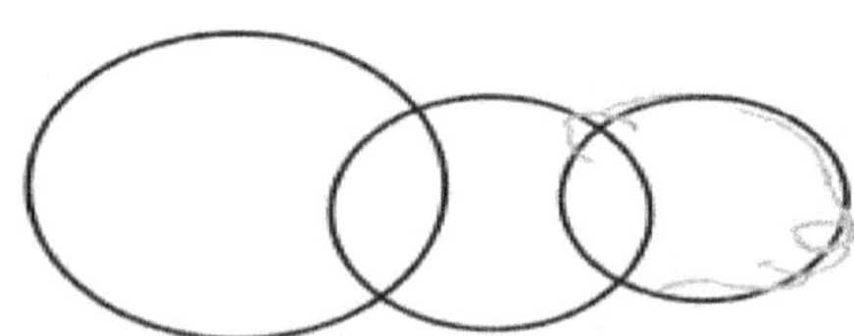

3. 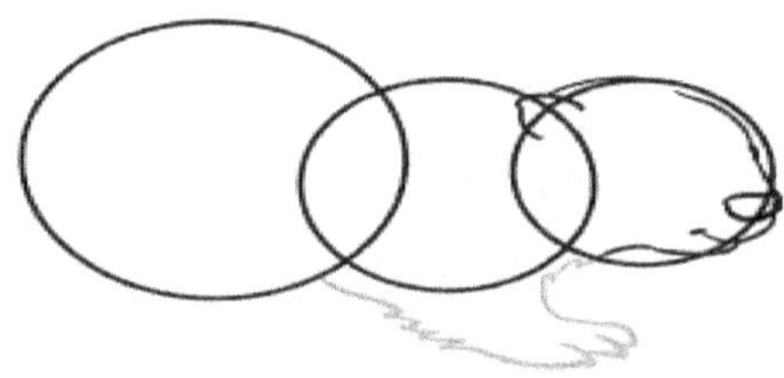

4. 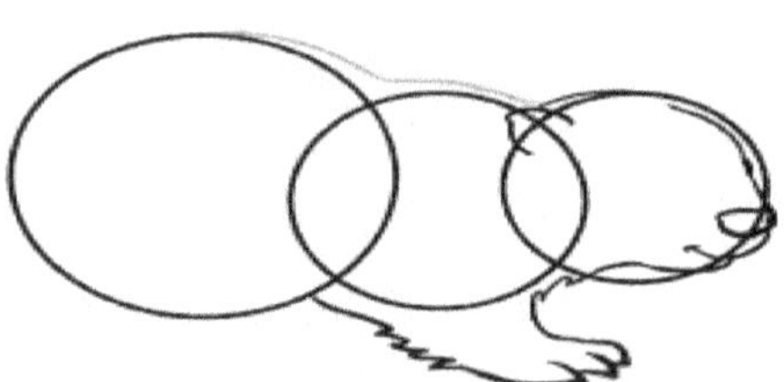

5. 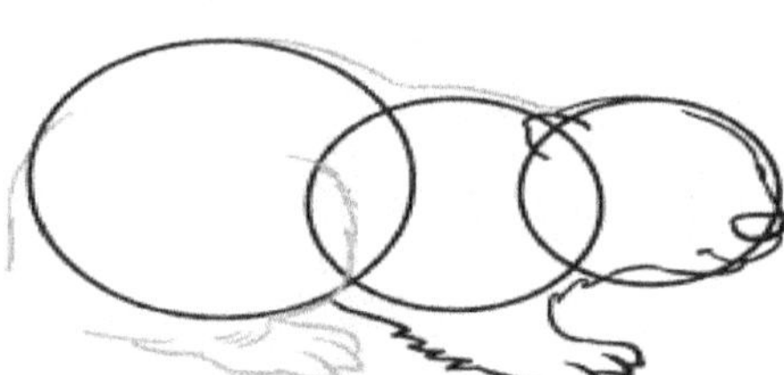

6. 

7. 

8. 

9. 

How to Draw
a Black Cat

1.

2.

3.

4.

5.

6.

7.

8.

9.

How to Draw
a Bobcat

1.

2.

3.

4.

5.

6.

7.

8.

9.

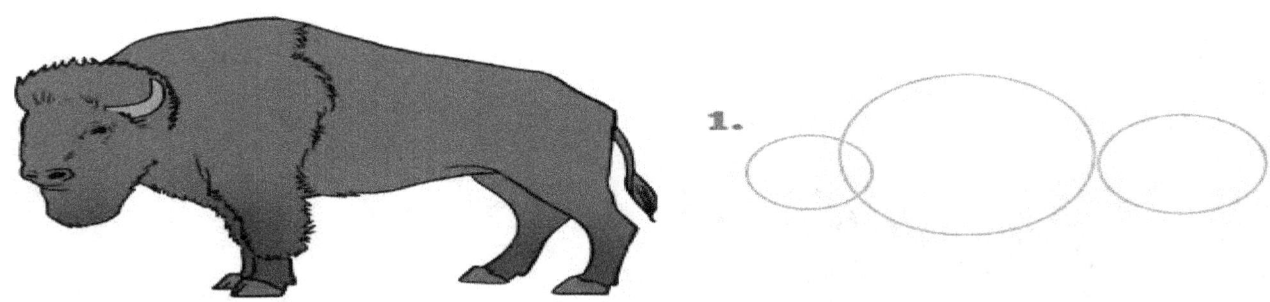

How to Draw a Buffalo

1.

2.

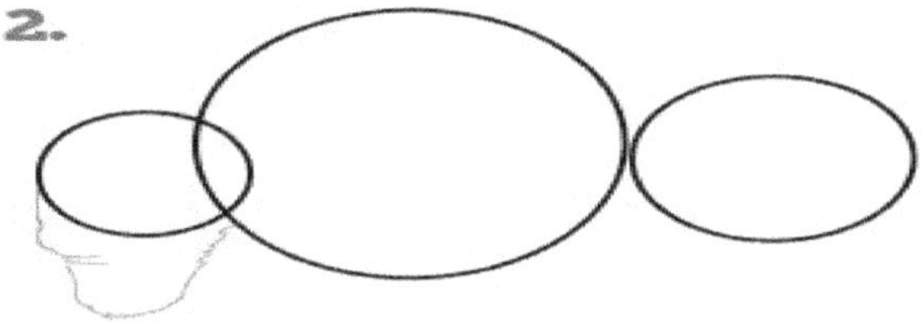

3.

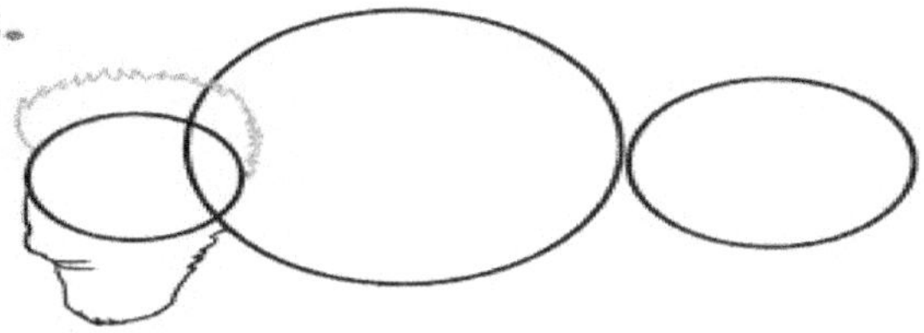

4.

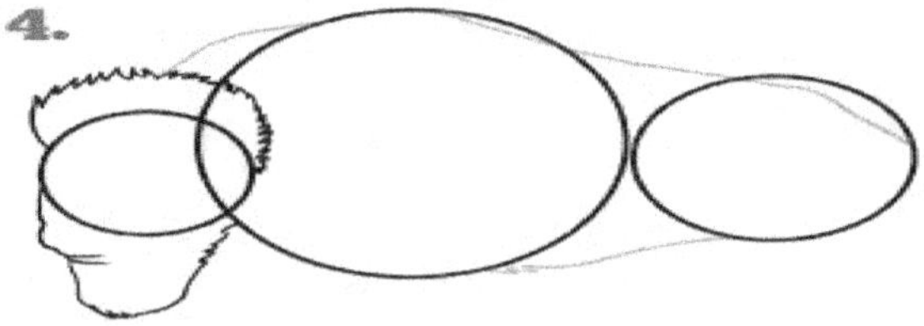

5.

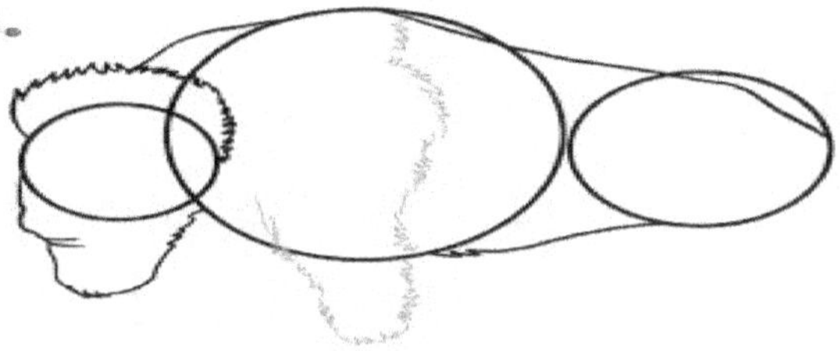

6.

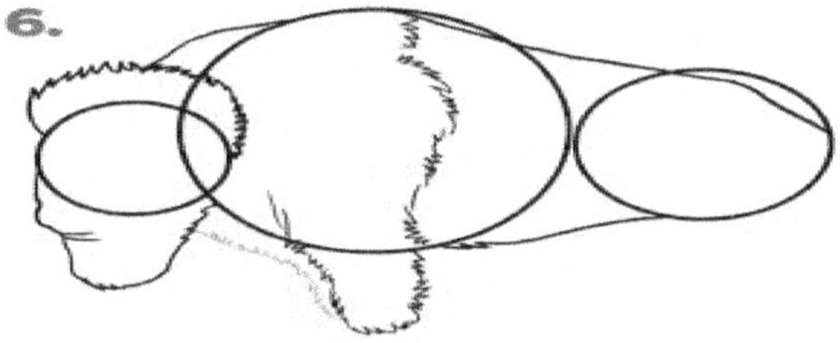

7.

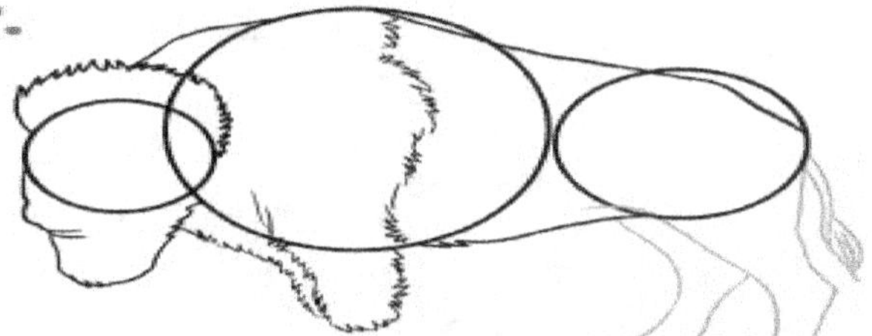

8.

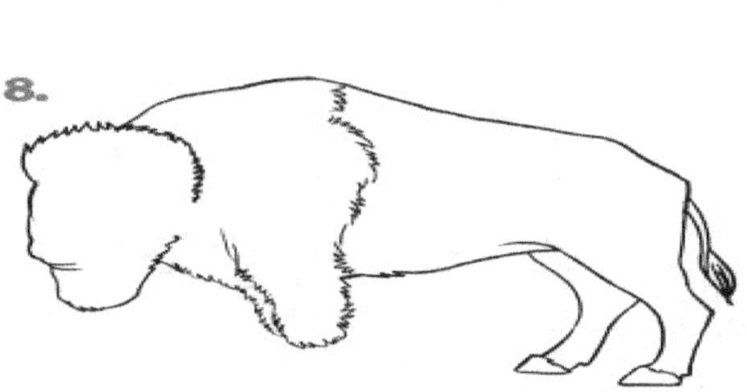

9.

How to Draw
a Bull

2.

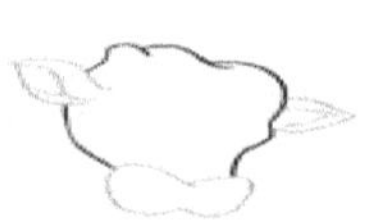

3.

4.

5.

6.

7.

8.

9.

How to Draw a Bunny

1.

2.

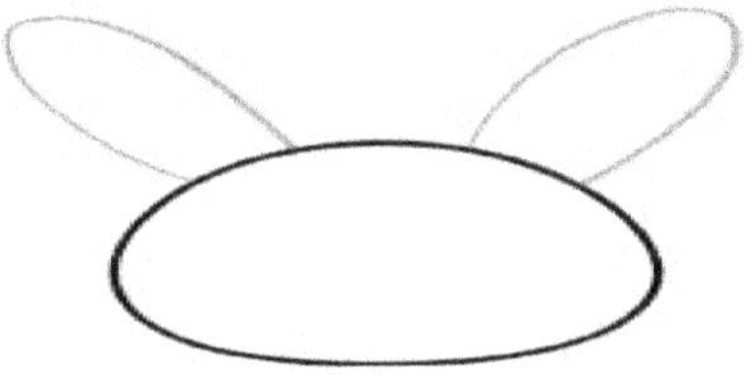

3.

4.

5.

6.

7.

8.

9.

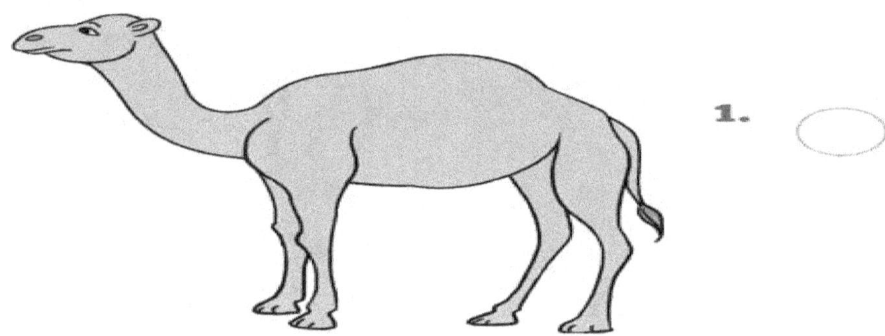

How to Draw a Camel

1.

2.

3.

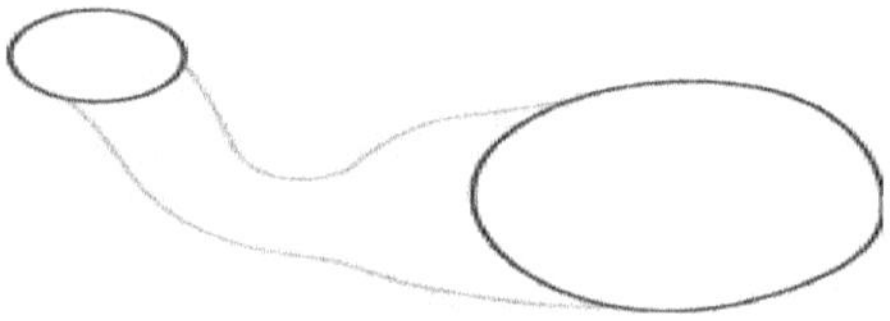

4.

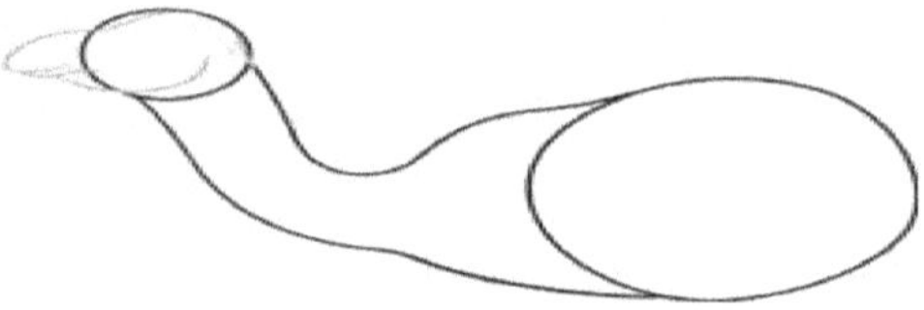

5.

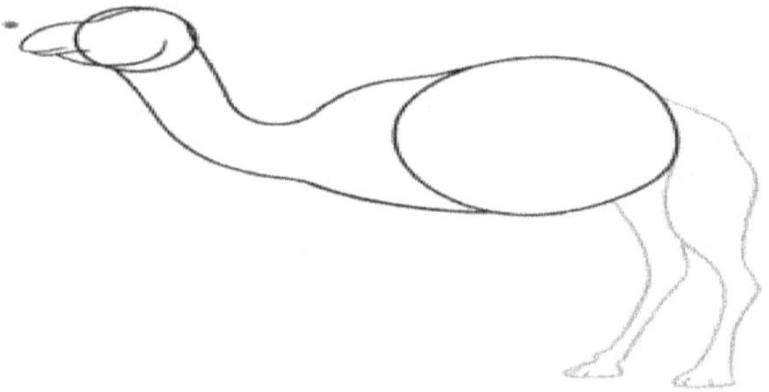

6.

7.

8.

9.

1.

How to Draw
a Coyote

2. 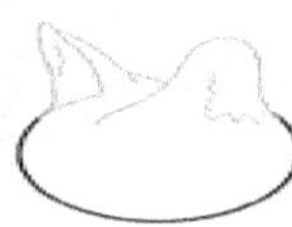

3. 

4. 

5. 

6. 

7. 

8. 

9. 

How to Draw
a Corgi

1.

2.  

3.  

4. 

5.  

6. 

7.  

8. 

9. 

How to Draw
a Chibi Unicorn

1.

2.

3.

4.

5.

6.

7.

8.

9.

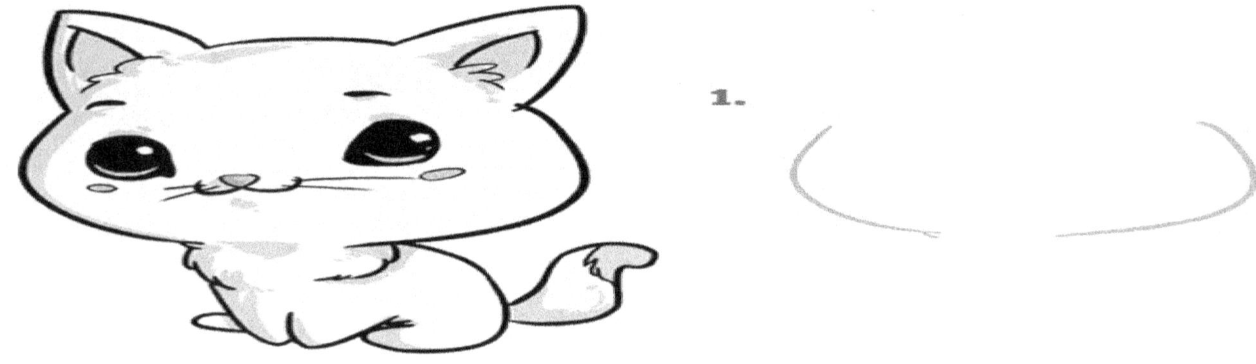

How to Draw
a Chibi Cat

1.

2.

3.

4.

5.

6.

7.

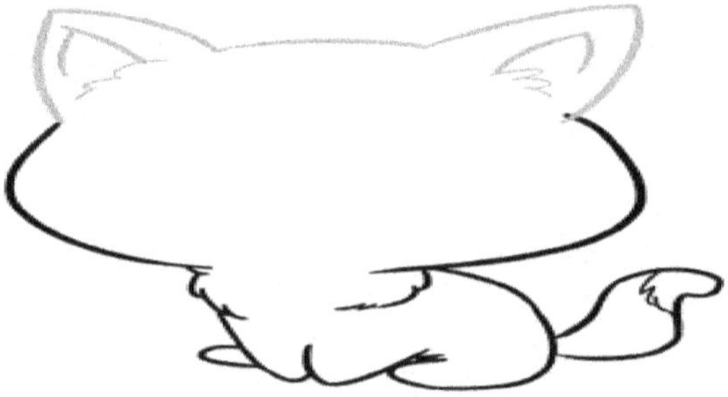

8.

9.

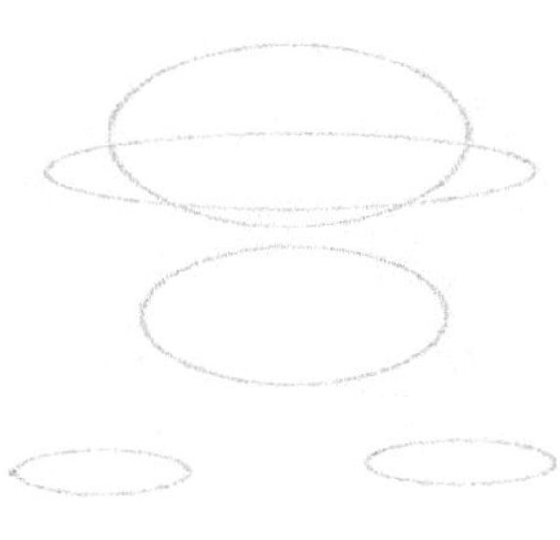

How to Draw
Chase from Paw Patrol

2.
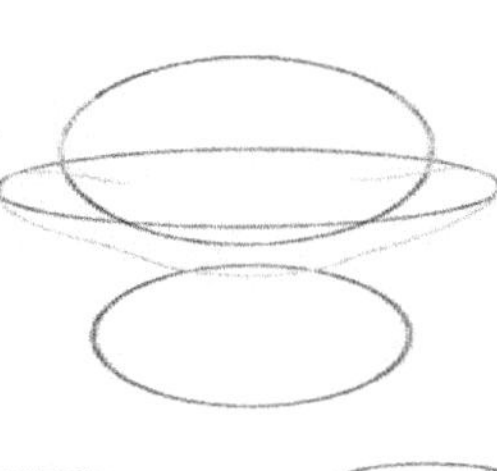

3.

4.

5.

6.
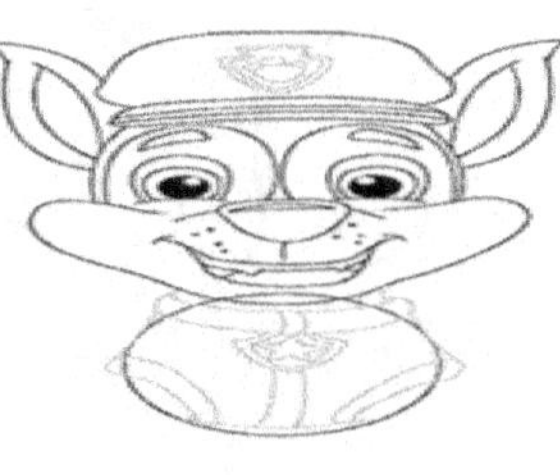

7.

8.

9.

1.

How to Draw
a Cat in Clothes

2.

3.

4.

5.

6.

7.

8.

9.

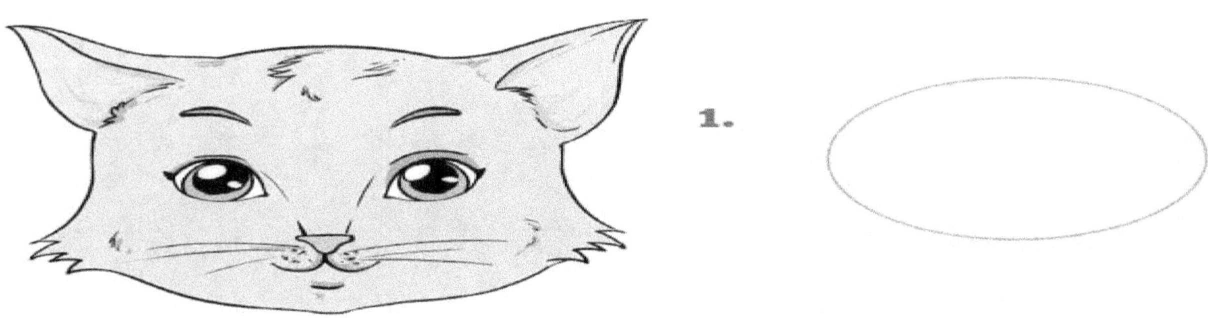

How to Draw a Cat face

 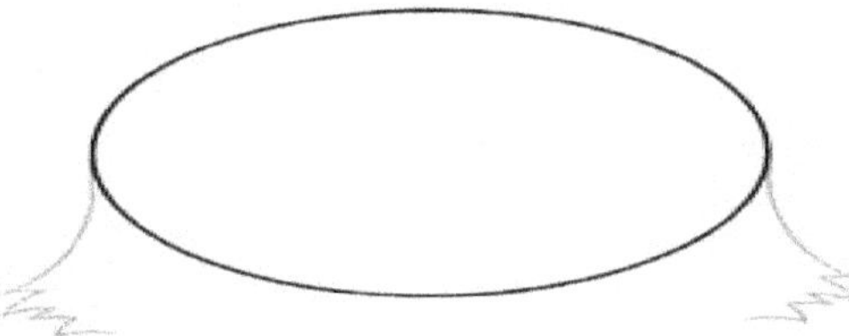 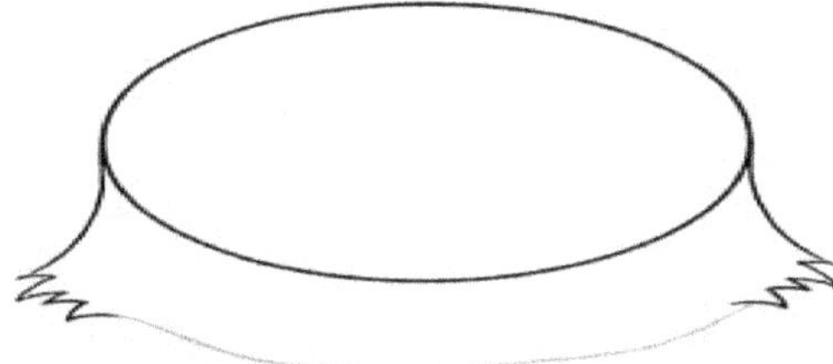

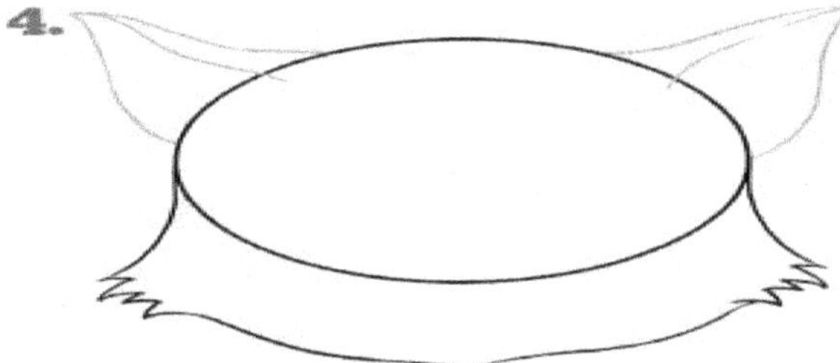 

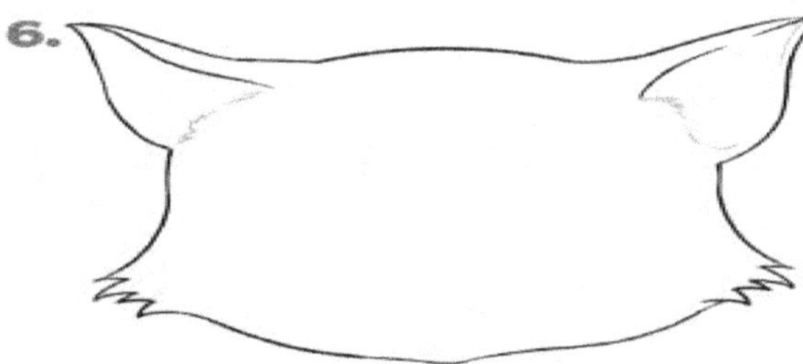 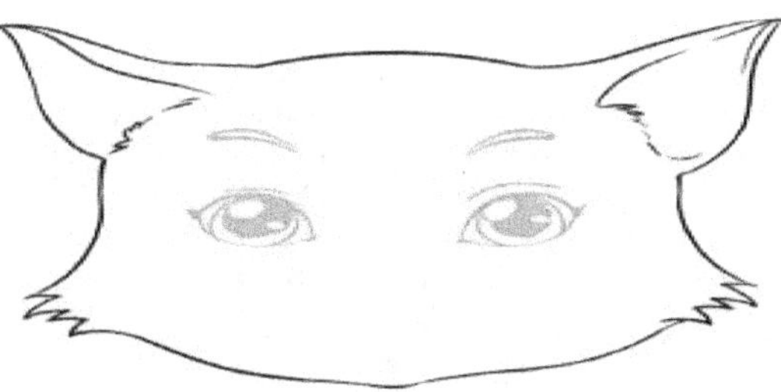

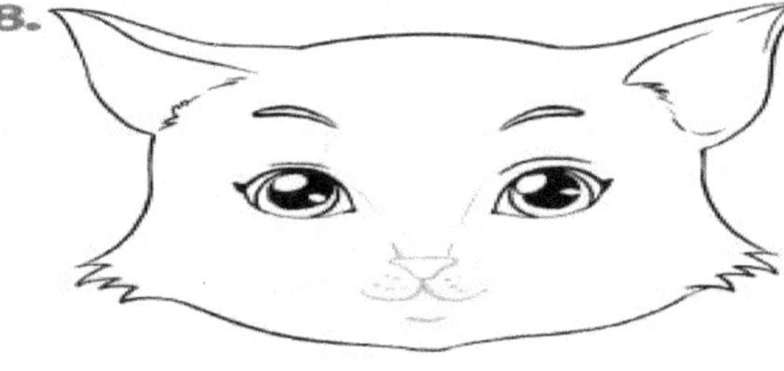 

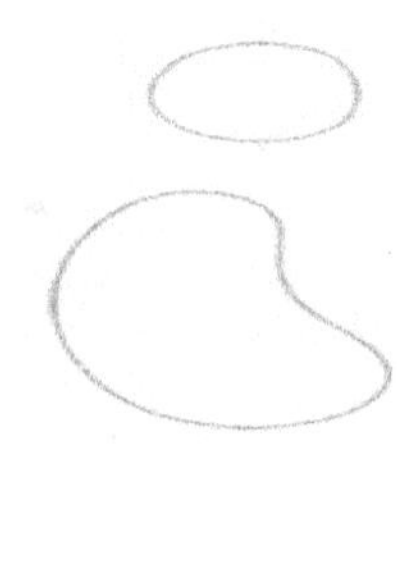

How to Draw
a Cartoon Kangaroo

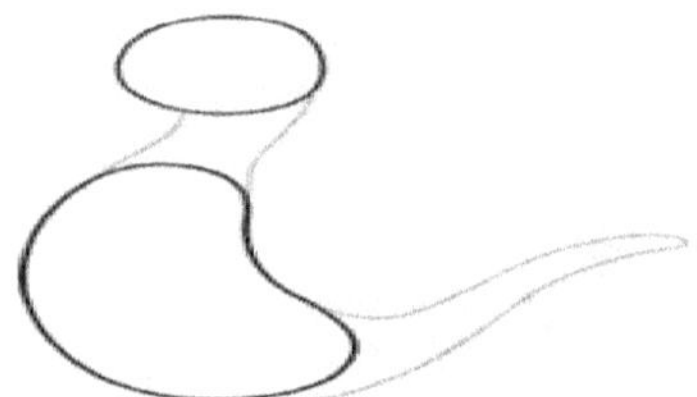

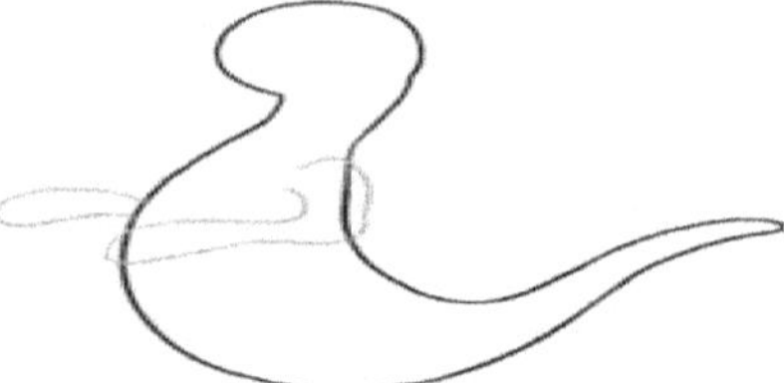

How to Draw
a Grizzly Bear

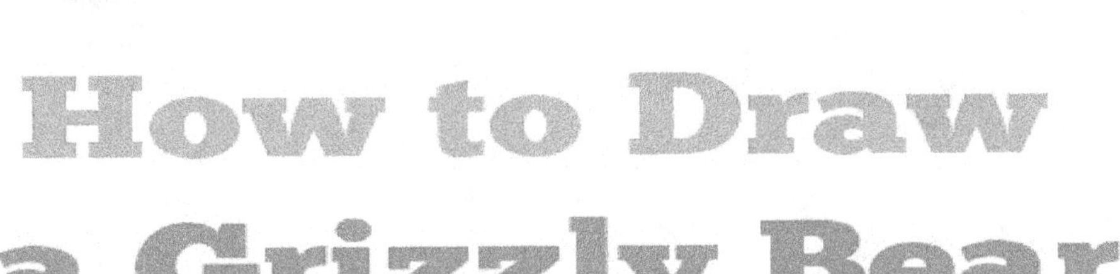

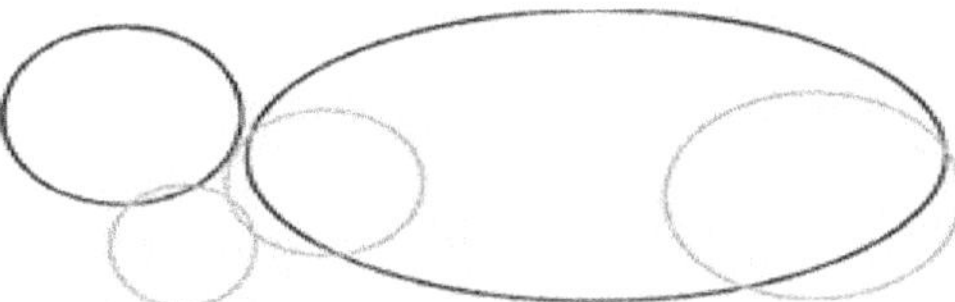
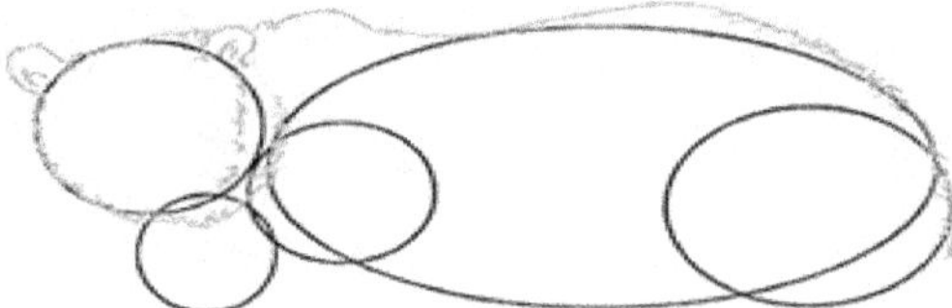
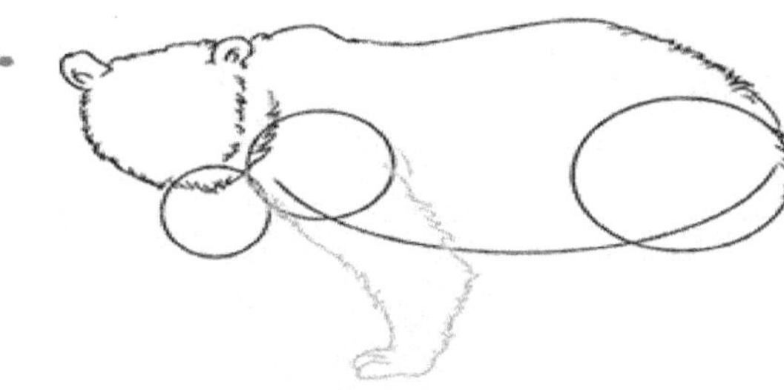
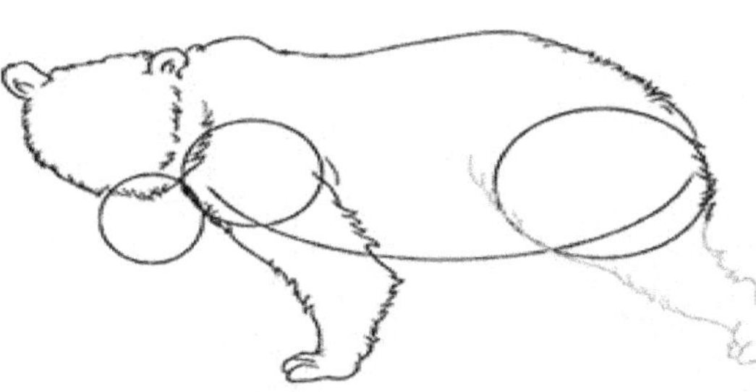

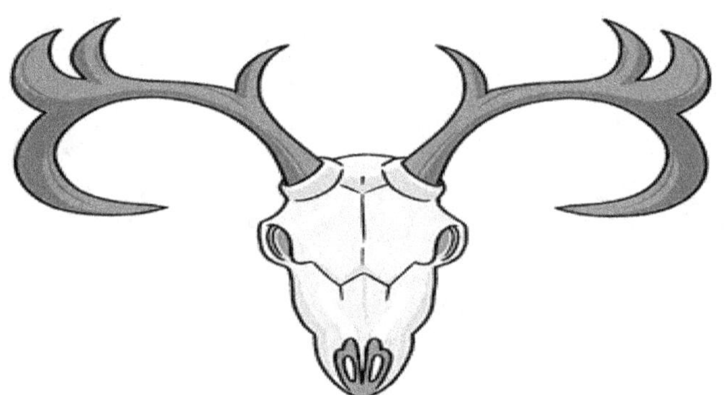

1.

How to Draw
a Deer Skull

2. 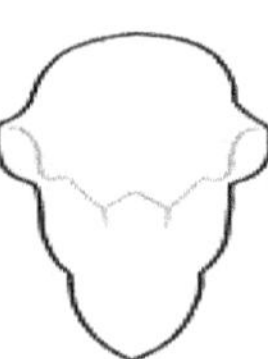

3. 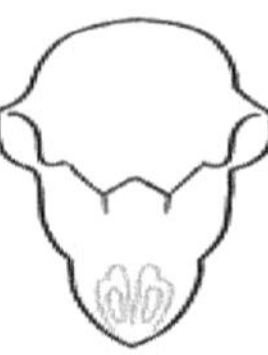

4. 

5. 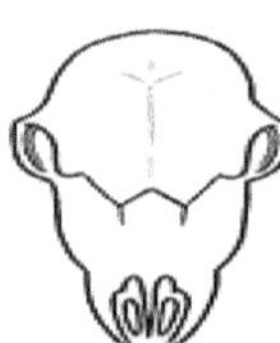

6. 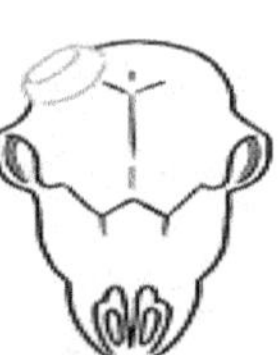

7. 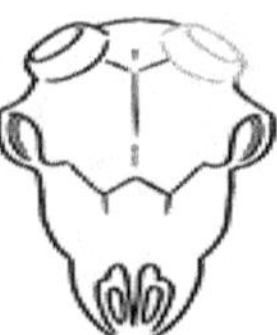

8. 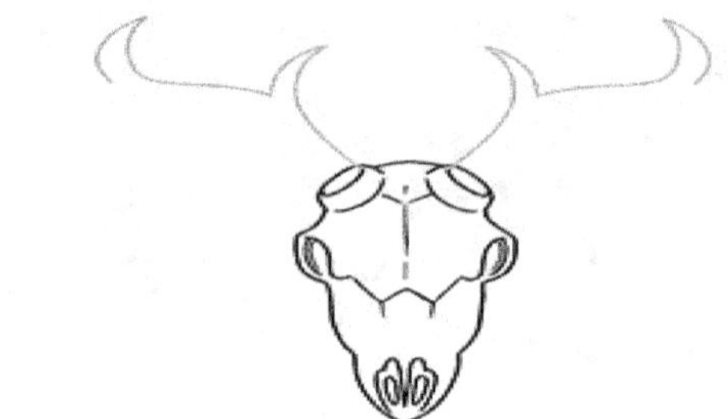

9. 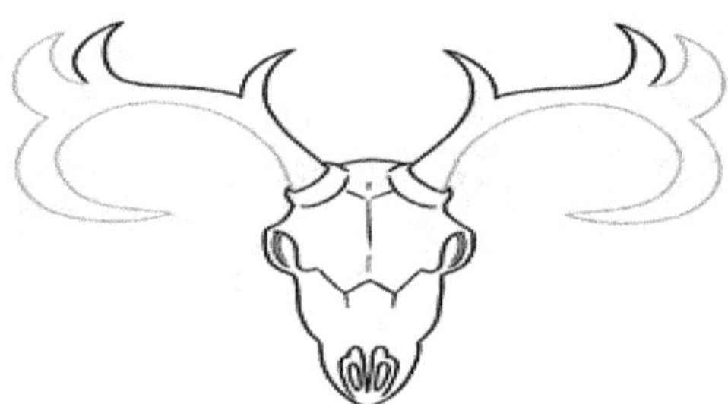

1.

How to Draw
Dumbo

2. 

3. 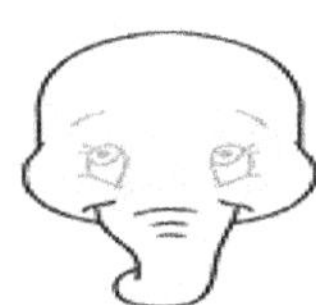

4. 

5. 

6. 

7. 

8. 

9. 

How to Draw an Easter Bunny

1.

2. 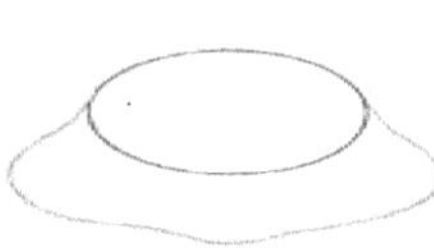

3. 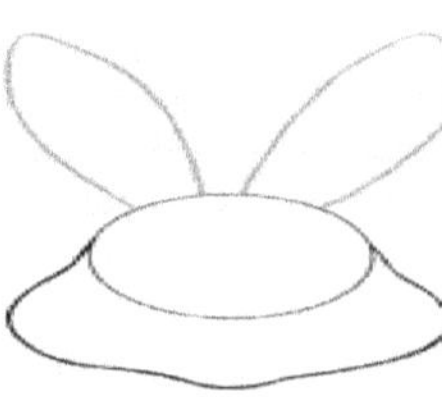

4. 

5. 

6. 

7. 

8. 

9. 

1.

How to Draw an Elk

2. 

3. 

4. 

5. 

6. 

7. 

8. 

9. 

 **1.** 

How to Draw
a Fat Cat

2.    **3.** 

4.    **5.** 

6.    **7.** 

8.    **9.** 

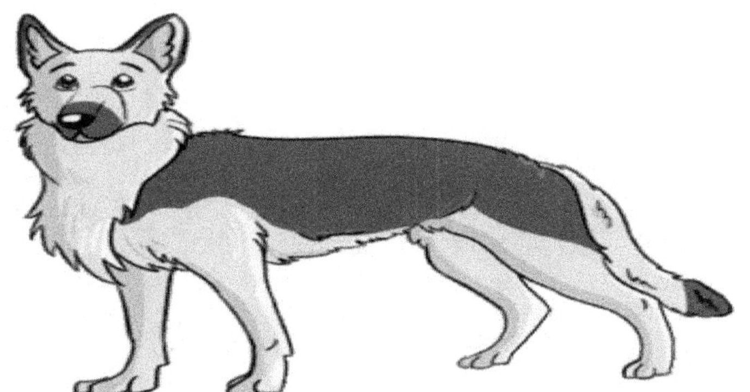

How to Draw
a German Shepherd

1.

2.

3.

4.

5.

6.

7.

8.

9.

1.

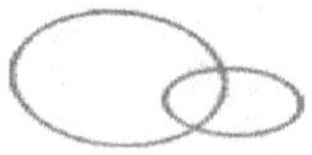

How to Draw
a Golden Retriever

2.

3.

4.

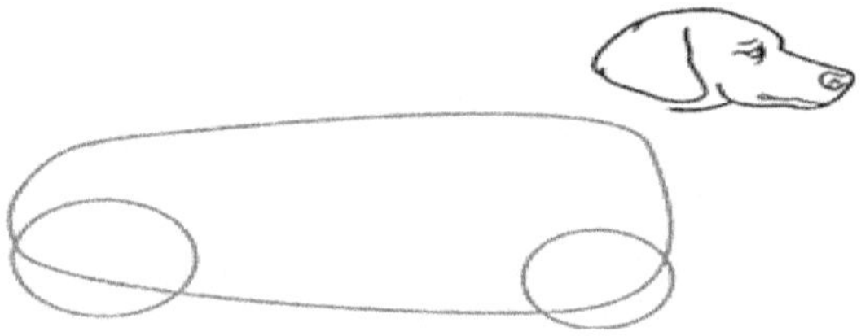

5.

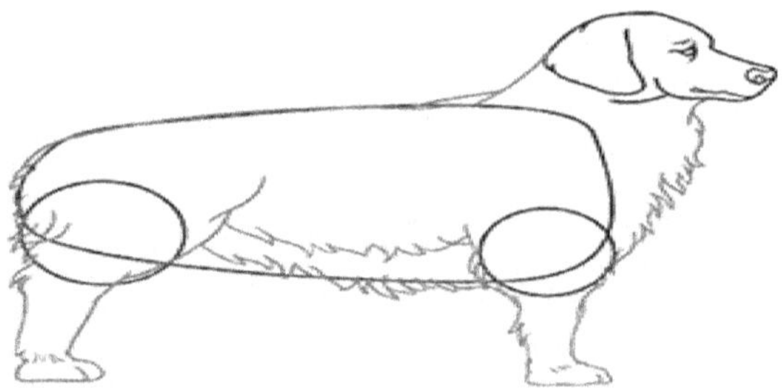

6.

7.

8.

9.

How to Draw
a Grizzly Bear

1.

2. 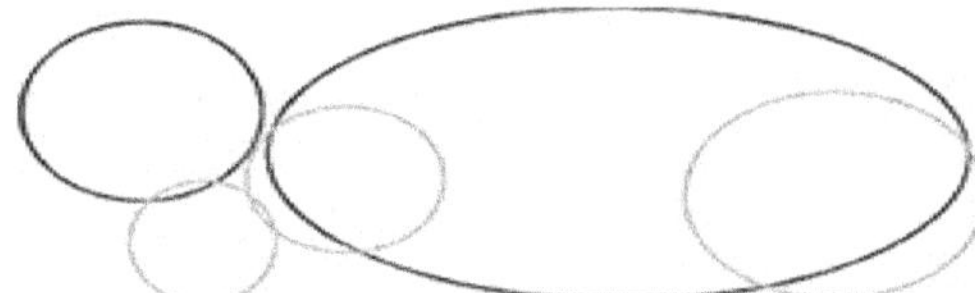

3. 

4. 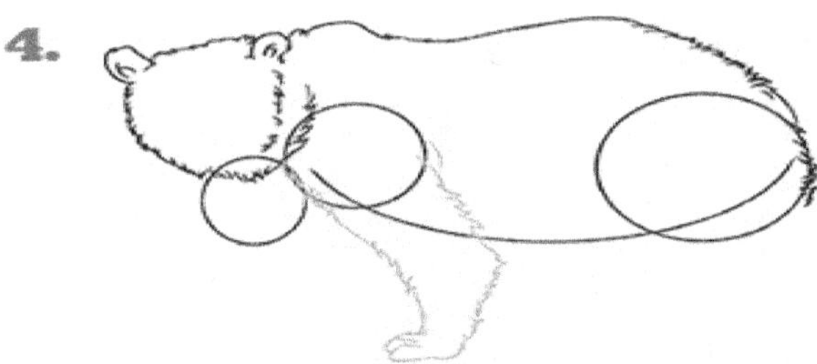

5. 

6. 

7. 

8. 

9. 

How to Draw
a Hamster

1.

2. 

3. 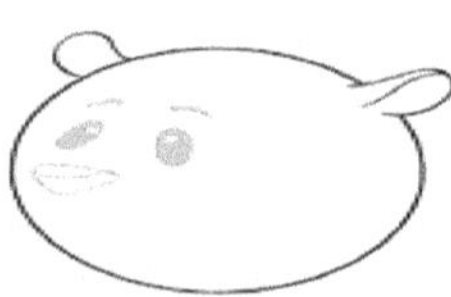

4. 

5. 

6. 

7. 

8. 

9. 

1.

How to Draw
a Hippo

2.

3.

4.
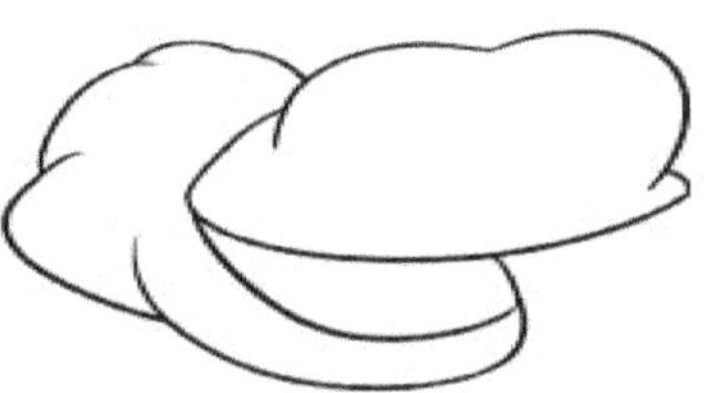

5.

6.

7.

8.

9.

How to Draw a Giraffe

1.

2.

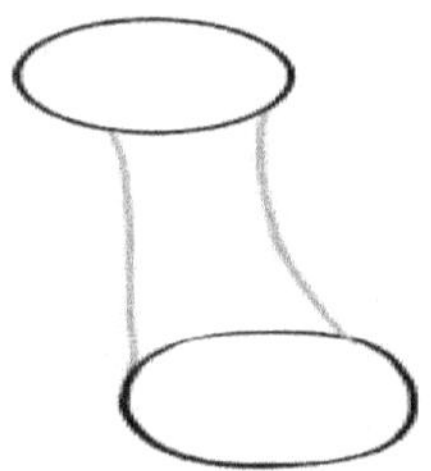

3.

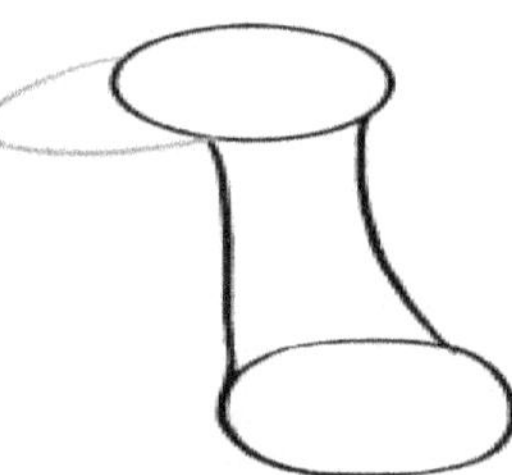

4.

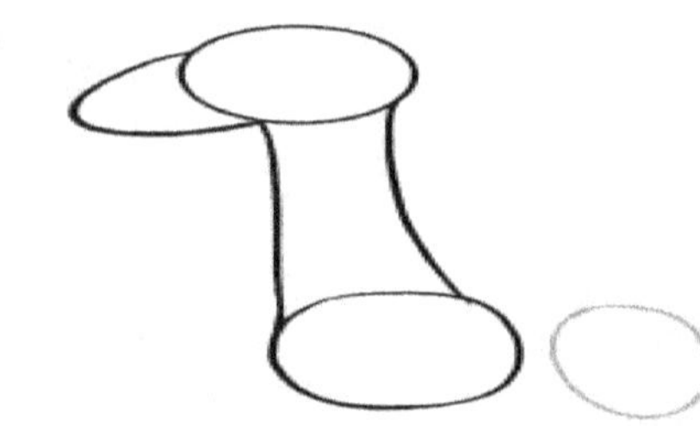

5.

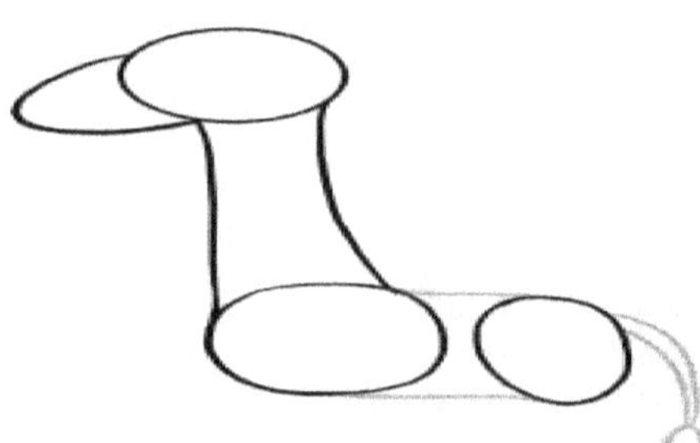

6.

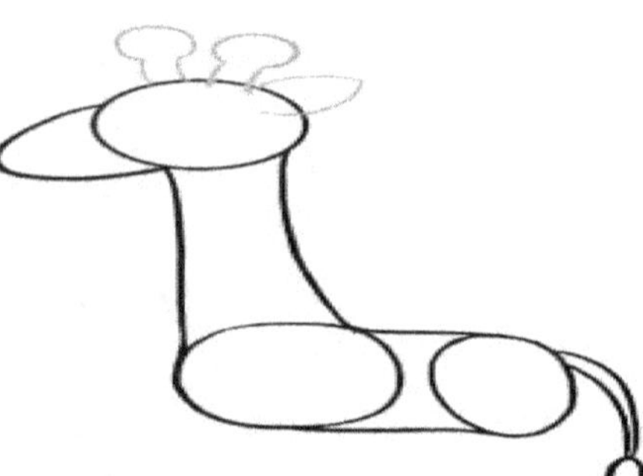

7.

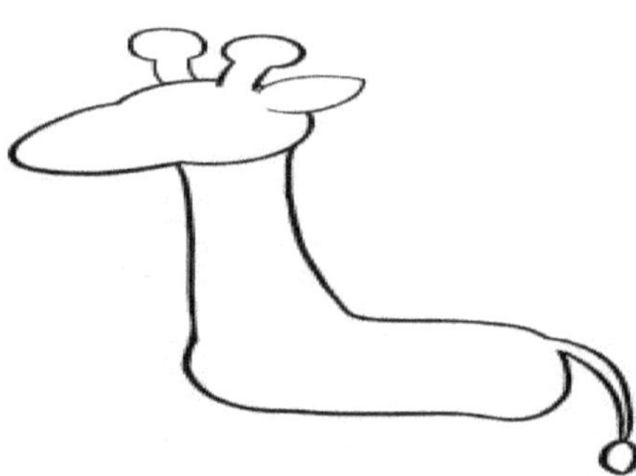

8.

9.

How to Draw a Husky

1.

2.

3.

4.

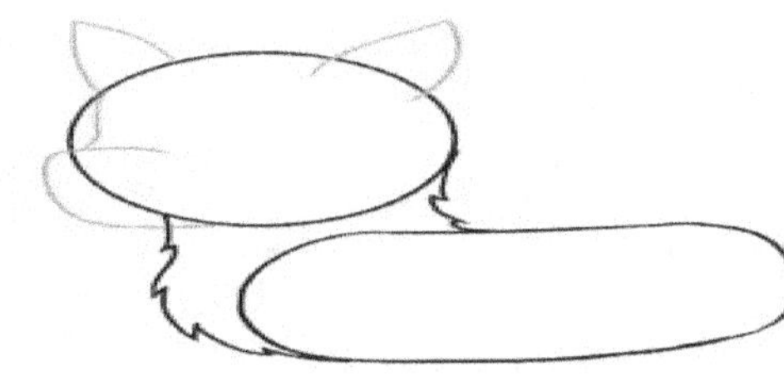

5.

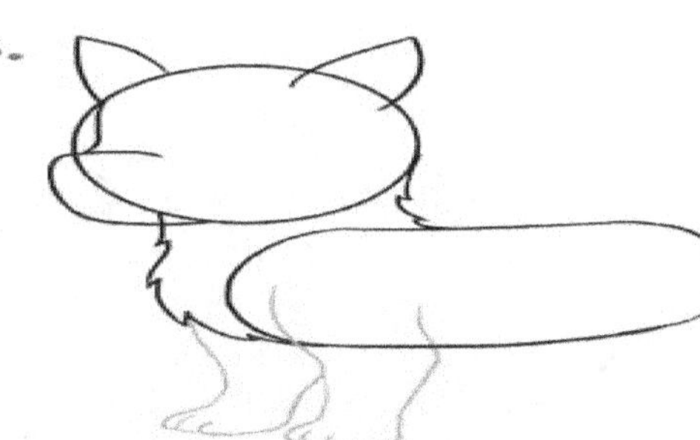

6.

7.

8.

9.

How to Draw an Otter

1.

2.

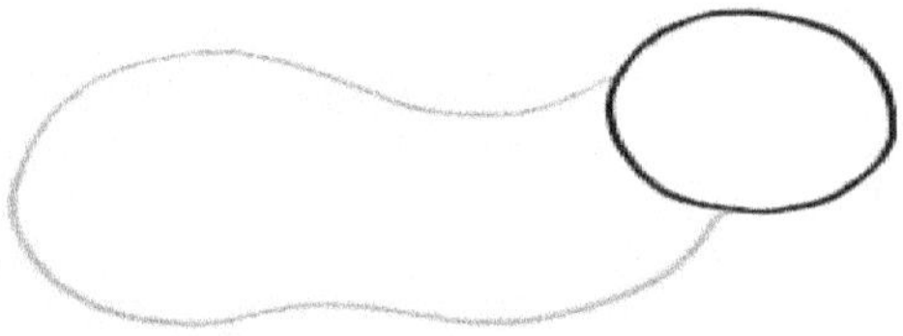

3.

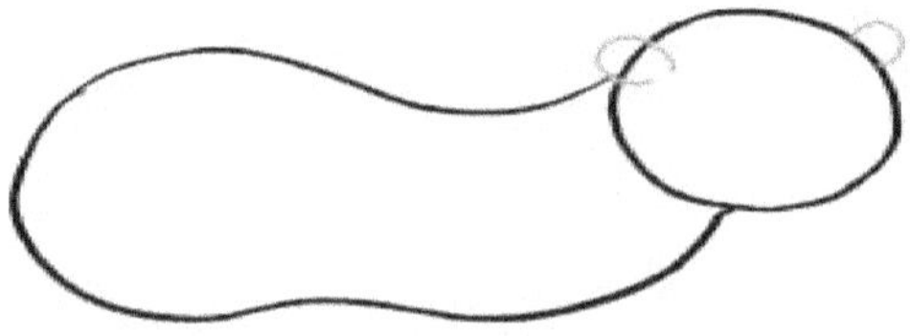

4.

5.

6.

7.

8.

9.

1.

How to Draw
a Hyena

2. 

3. 

4. 

5. 

6. 

7. 

8. 

9. 

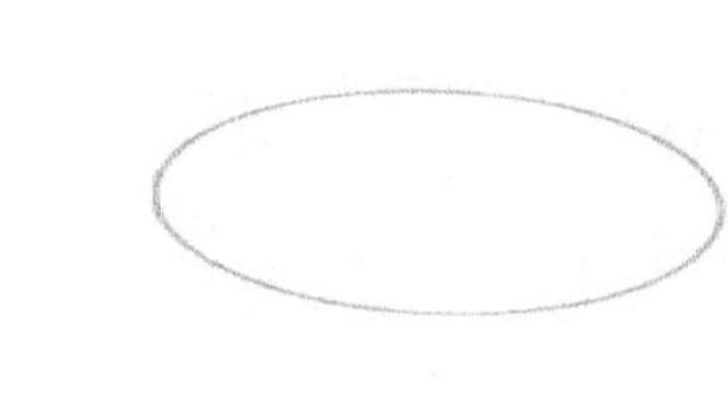

How to Draw
a Kitten

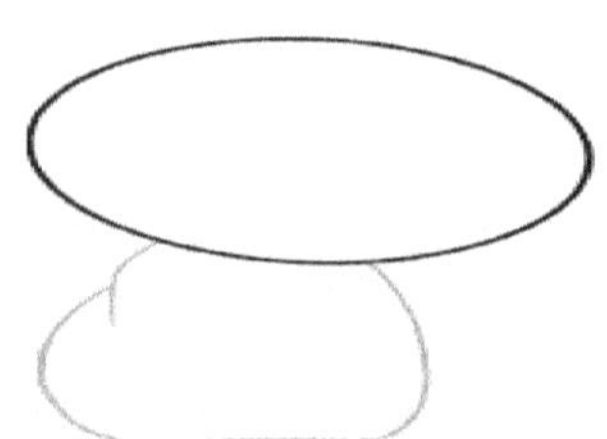

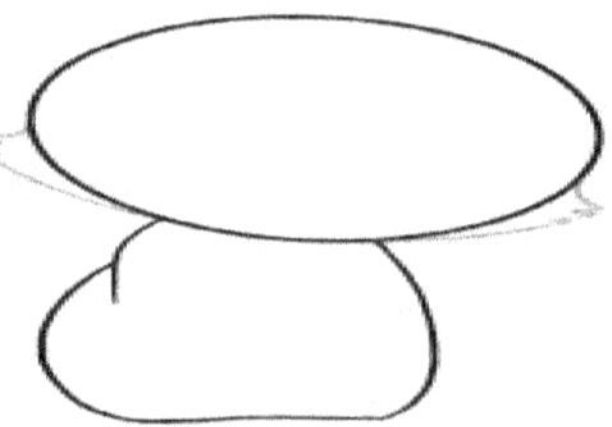

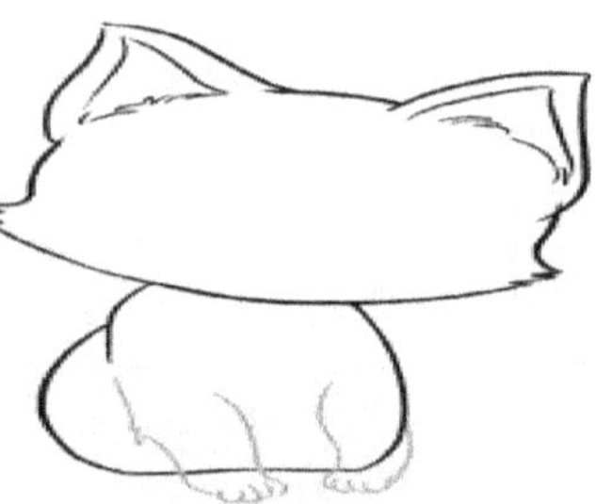

How to Draw
a Koala

1.

2.

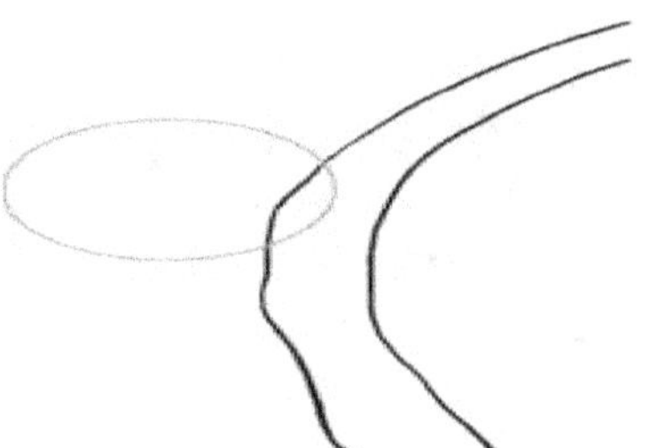

3.

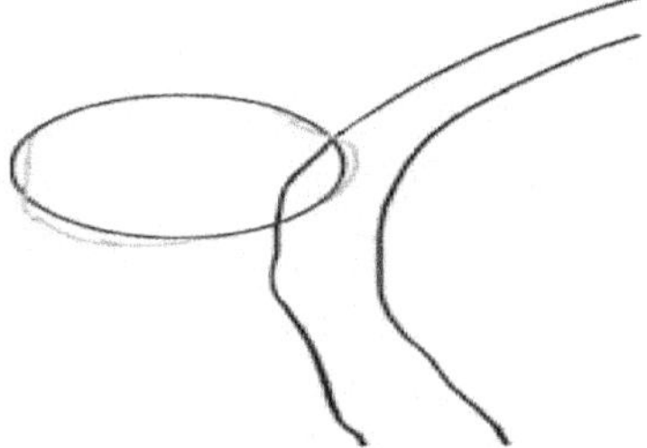

4.

5.

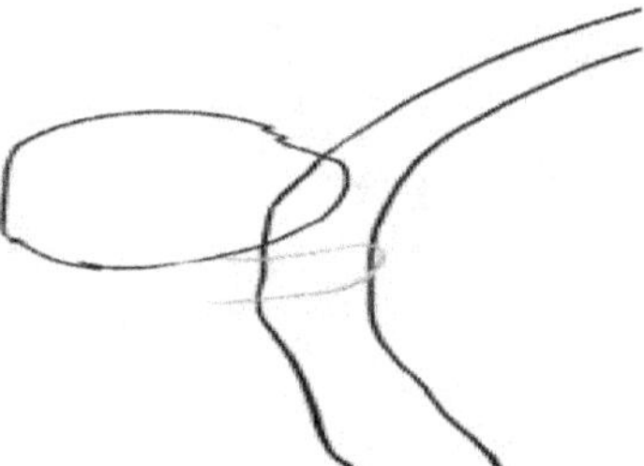

6.

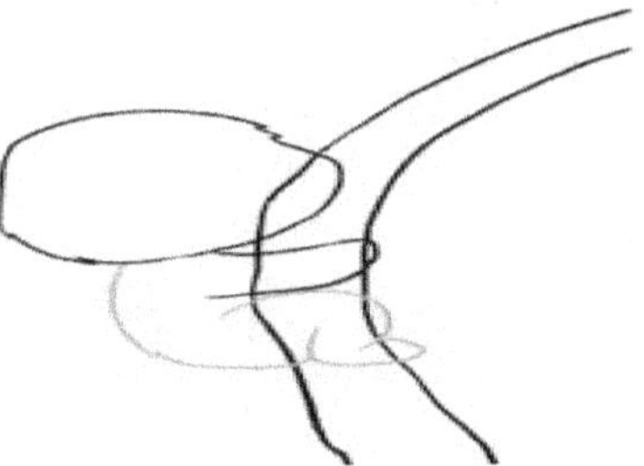

7.

8.

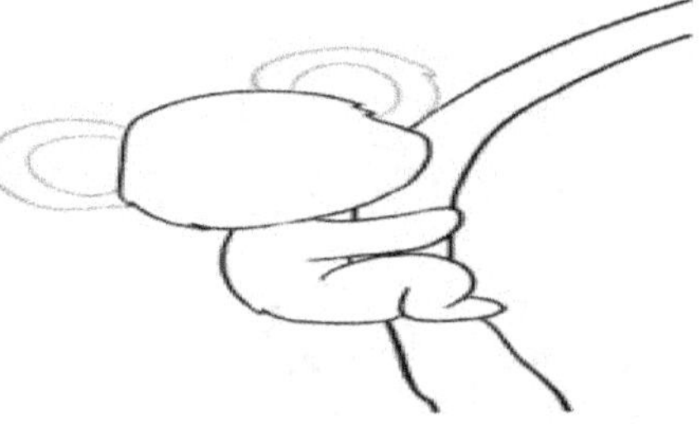

9.

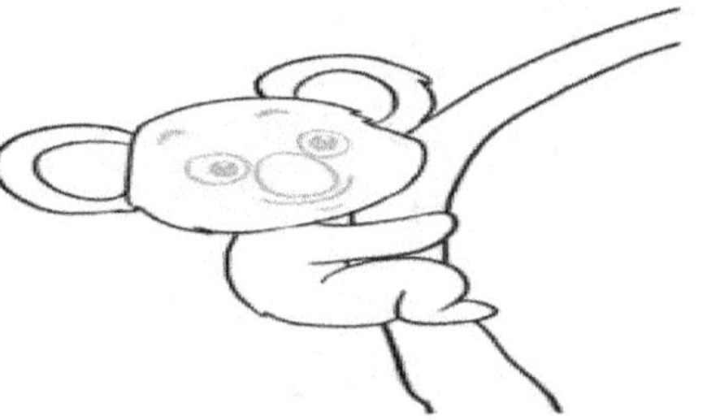

1.

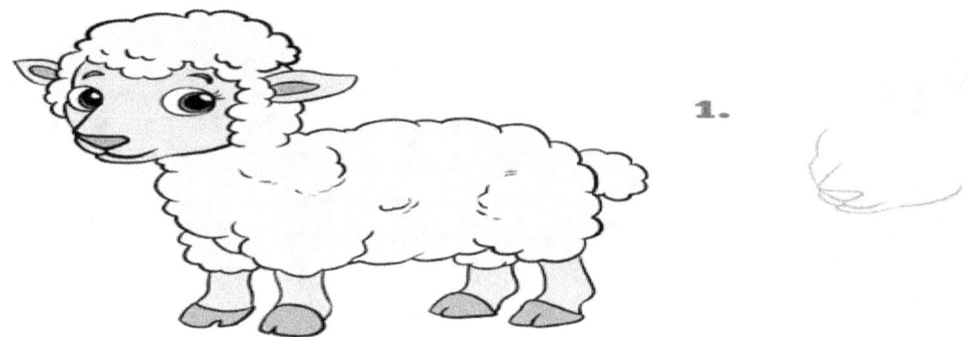

How to Draw a Lamb

2.

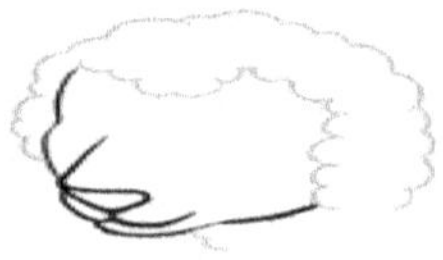

3.

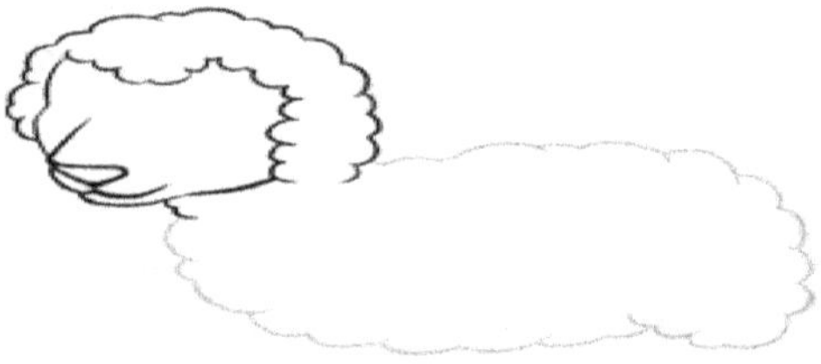

4.

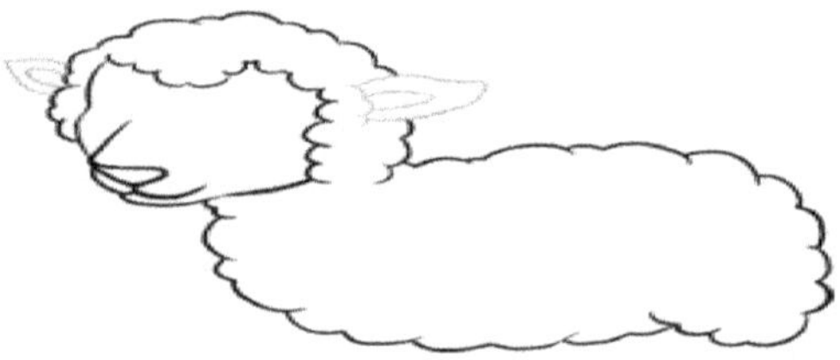

5.

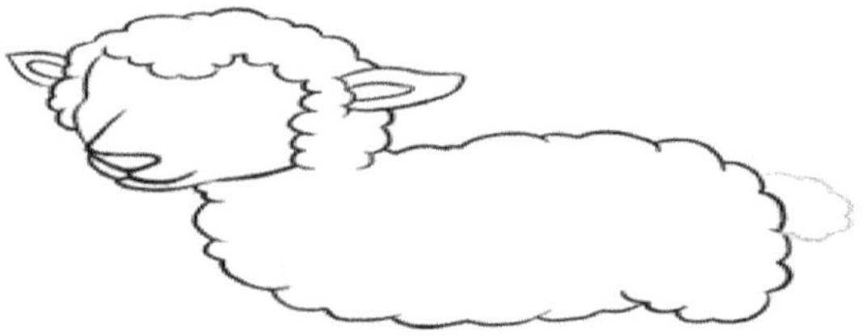

6.

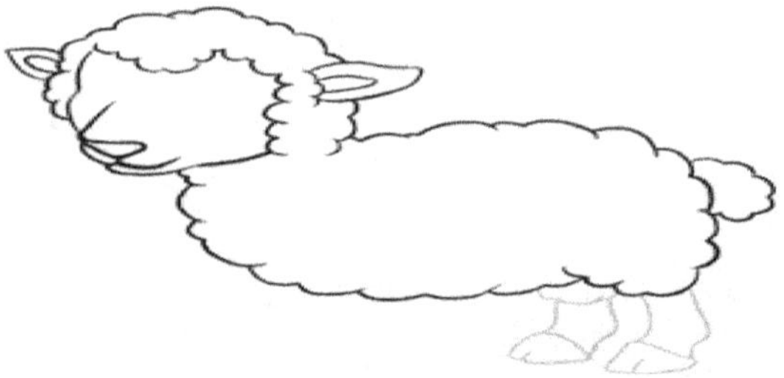

7.

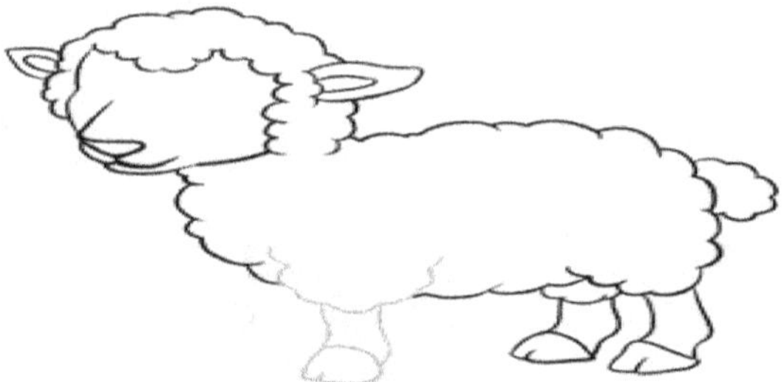

8.

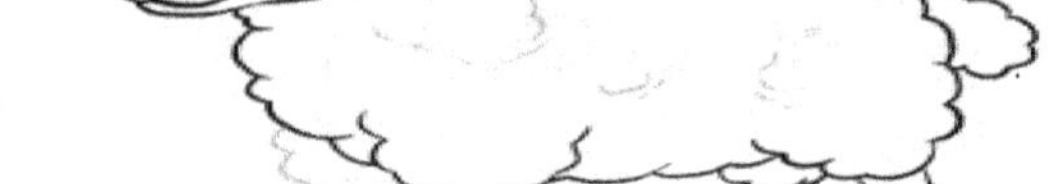

9.

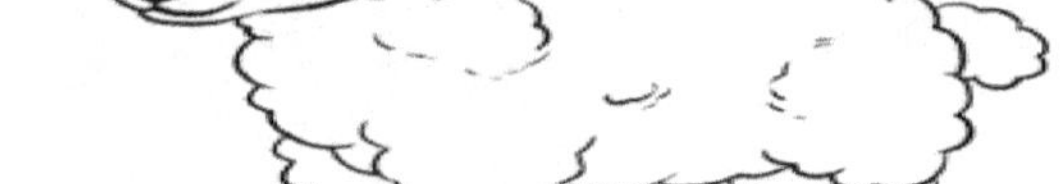

1.

How to Draw
a Lioness

2.

3.

4.

5.

6.

7.

8.

9.

How to Draw a Lion Head

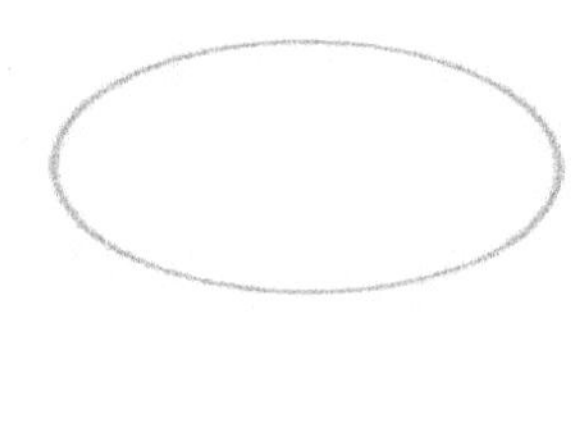

1.

2.

3.

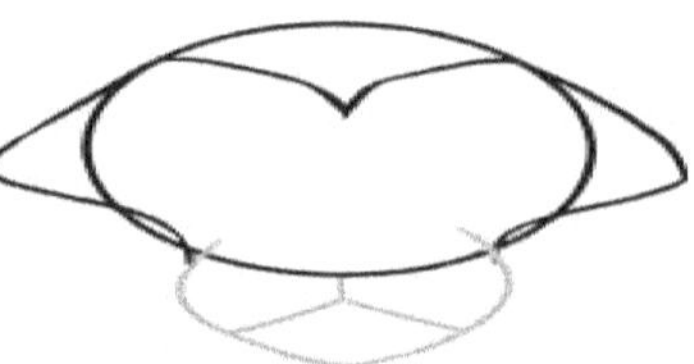

4.

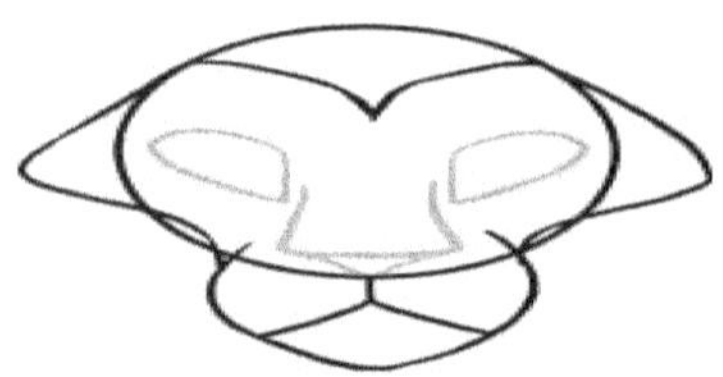

5.

6.

7.

8.

9.

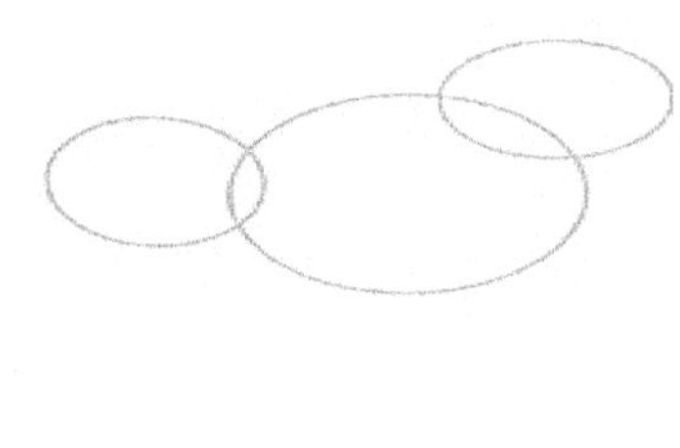

How to Draw
a Lion Roaring

1.

How to Draw
a Llama

2.

3.

4.

5.

6.

7.

8.

9.

1.

How to Draw
a Manatee

2. 

3.

4.

5.

6.

7. 

8.

9. 

How to Draw
a Moose

1.

2. 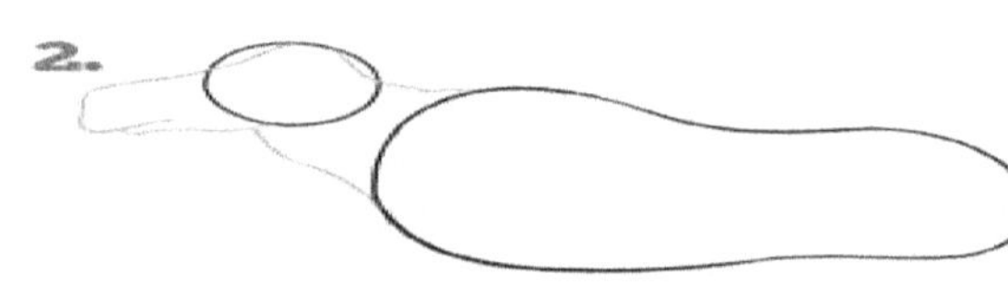

3. 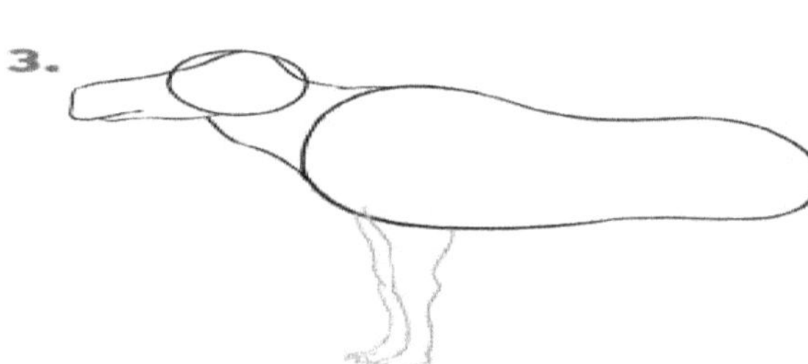

4. 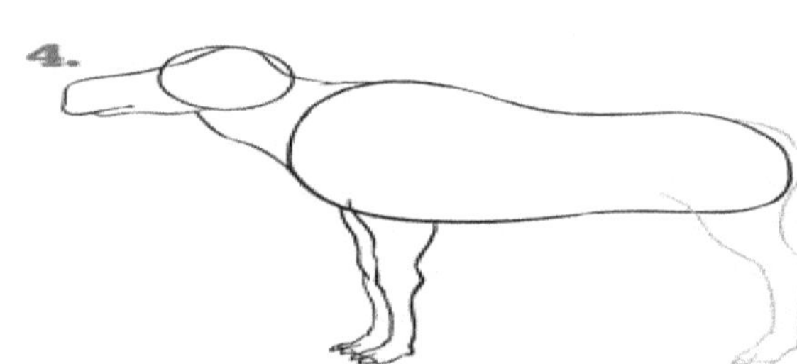

5. 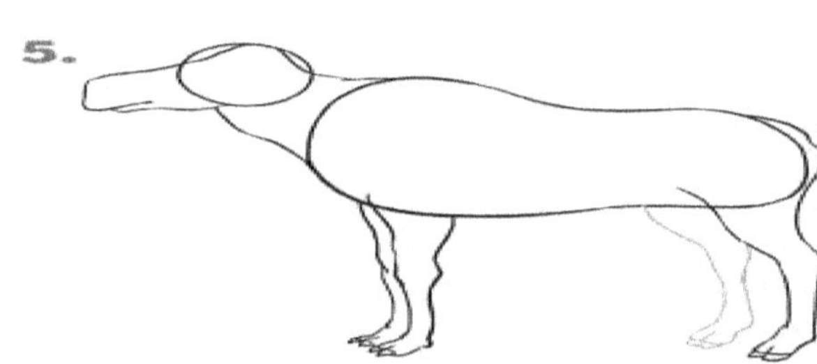

6. 

7. 

8. 

9. 

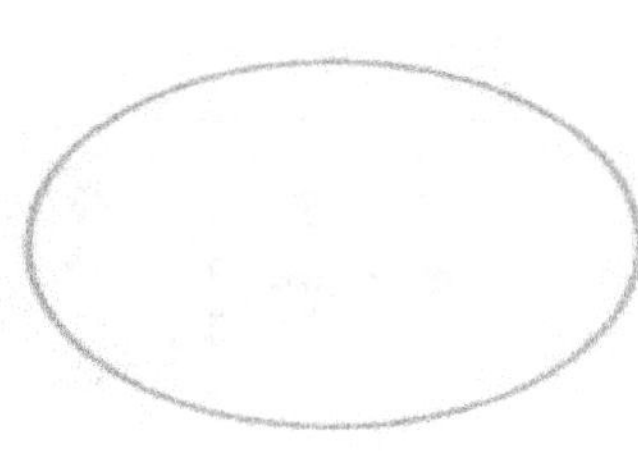

1.

How to Draw
a Narwhal

2.
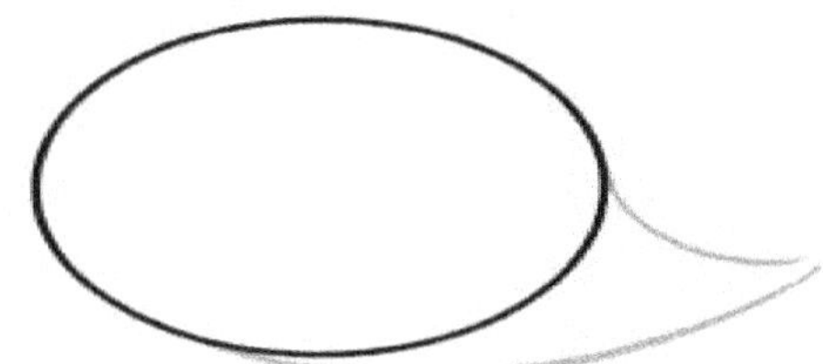

3.

4.

5.
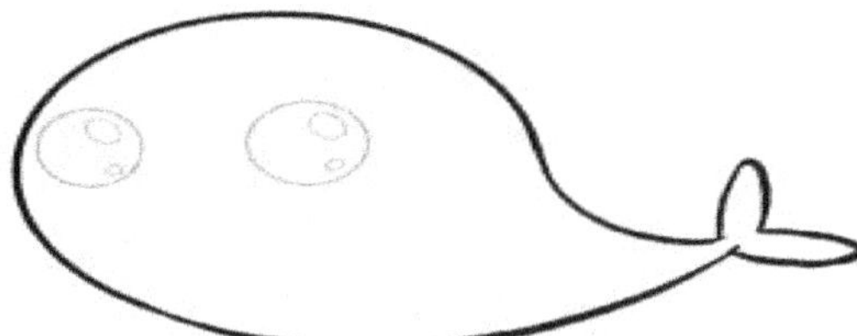

6.
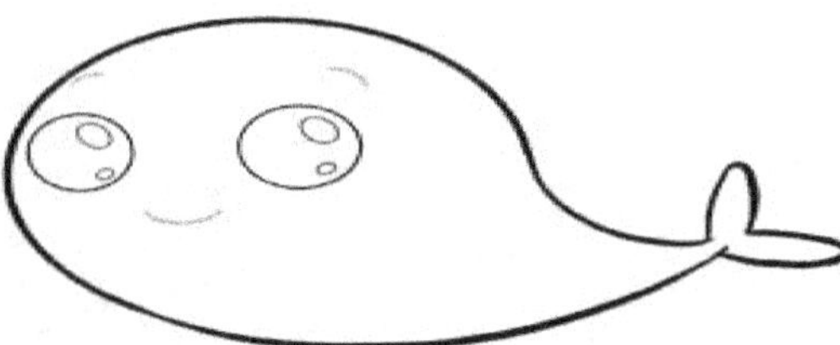

7.

8.

9.

1.

How to Draw an Orca

2.

3.

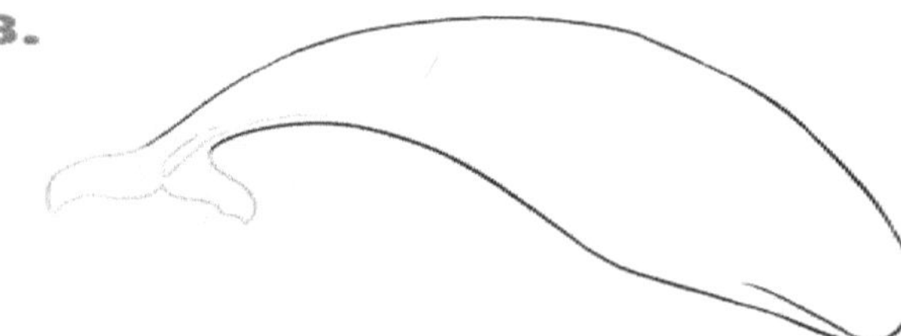

4.

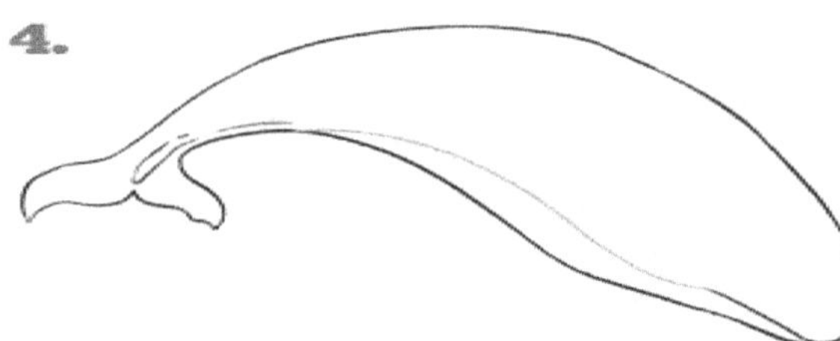

5.

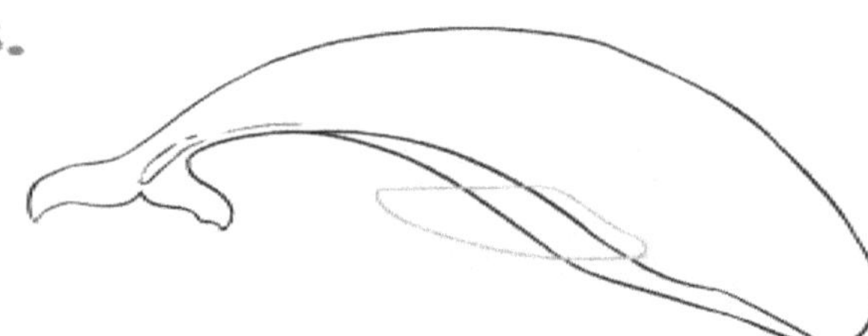

6.

7.

8.

9.

How to Draw
Pegasus

1.

2. 

3. 

4. 

5. 

6. 

7. 

8. 

9. 

How to Draw
a Pitbull

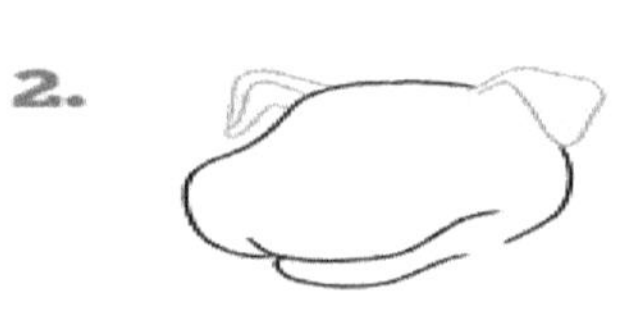

How to Draw
a Pomeranian

1.

2.

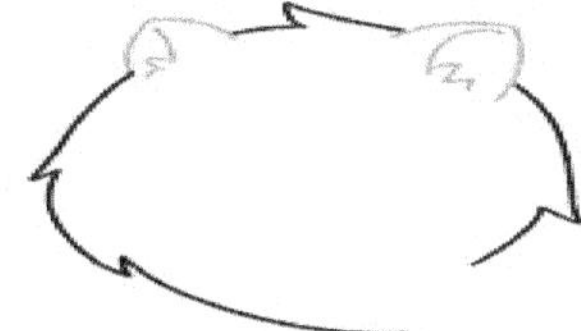

3.

4.

5.

6.

7.

8.

9.

How to Draw a Pony

1.

2.

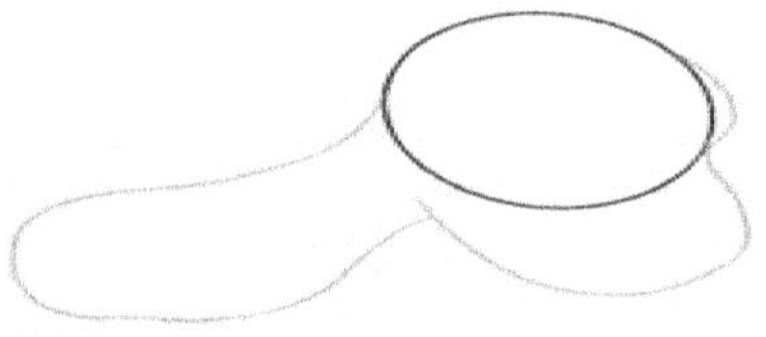

3.

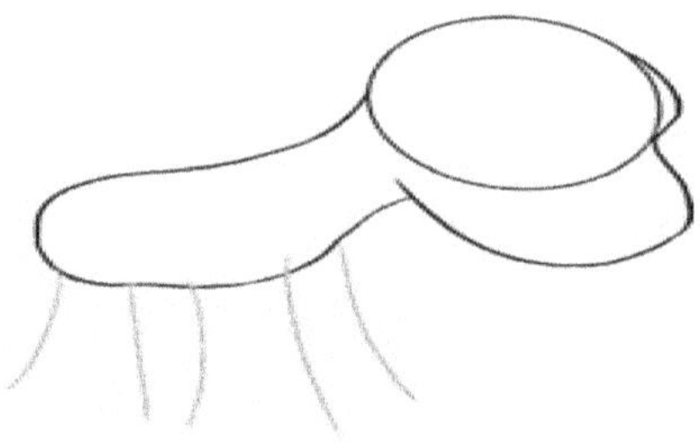

4.

5.

6.

7.

8.

9.

How to Draw
a Poodle

1.

2. 

3. 

4. 

5. 

6. 

7. 

8. 

9. 

1.

How to Draw
a Porcupine

2. 

3. 

4. 

5. 

6. 

7. 

8. 

9. 

How to Draw
a Pug

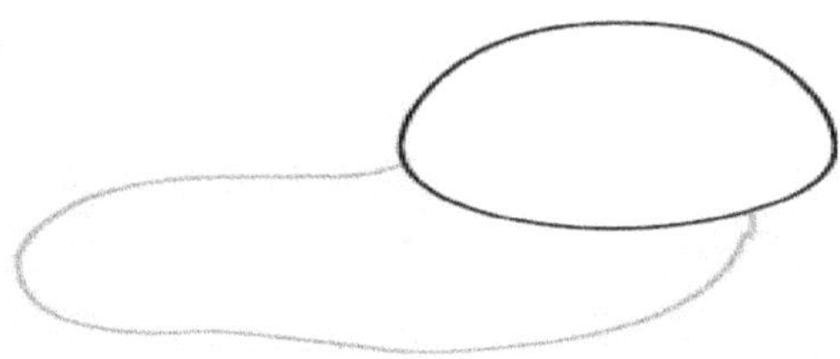

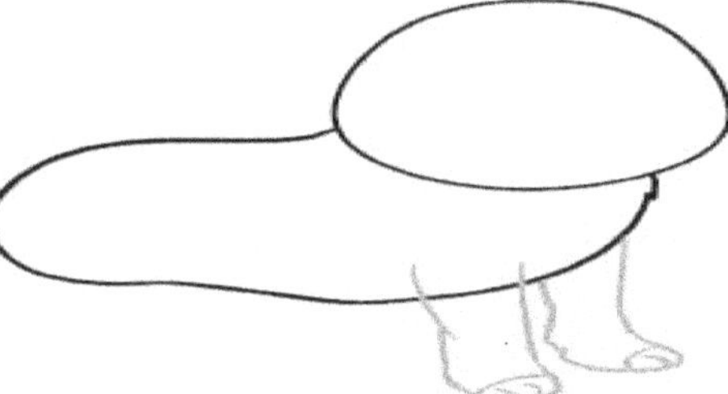

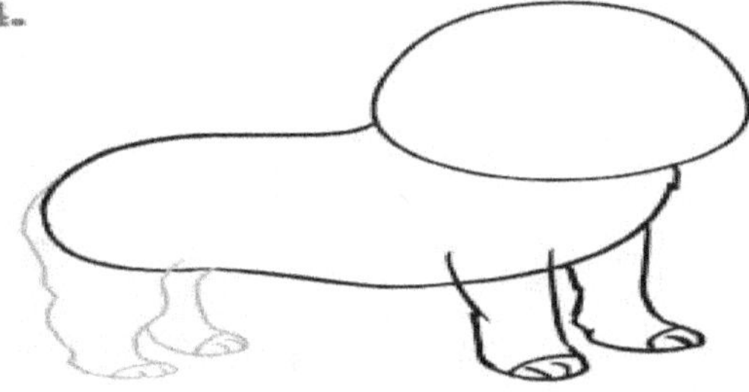

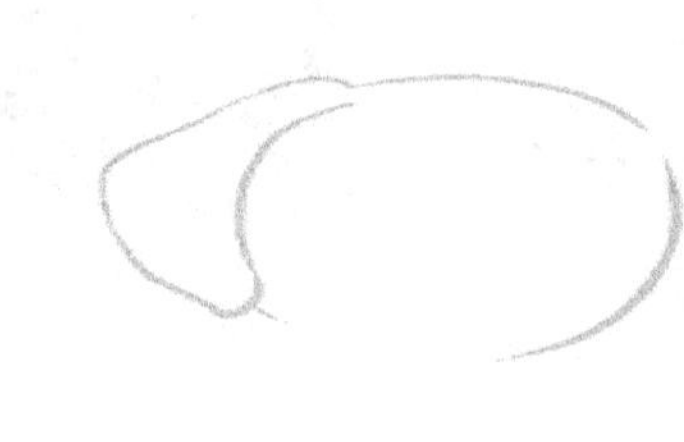

1.

How to Draw
a Puppy

2. 

3. 

4. 

5. 

6. 

7. 

8. 

9. 

How to Draw a Raccoon

1.

2. 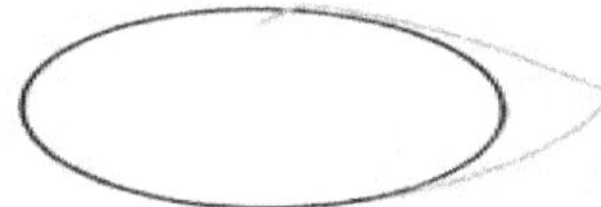

3. 

4. 

5. 

6. 

7. 

8. 

9. 

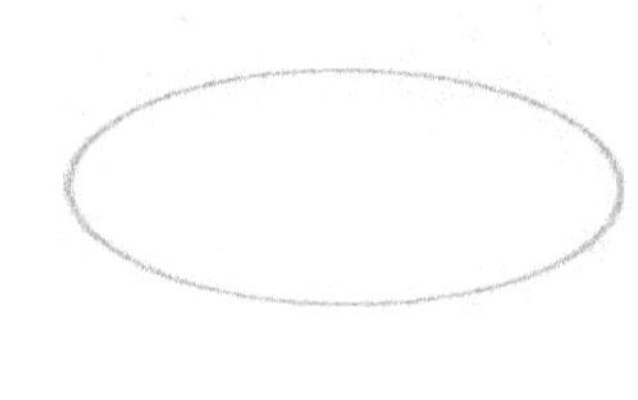

How to Draw
a Red Panda

2. 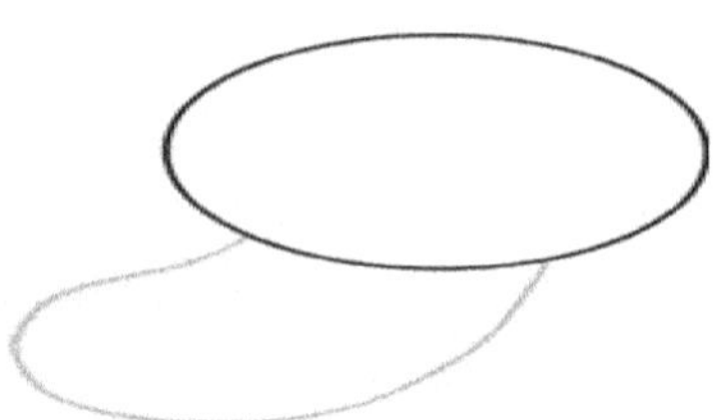

3. 

4. 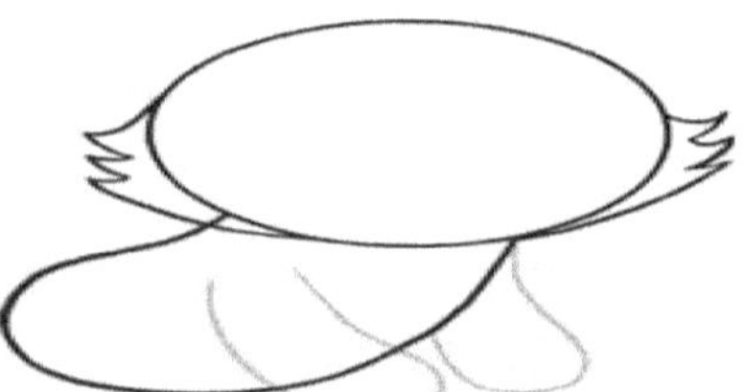

5. 

6. 

7. 

8. 

9. 

How to Draw
a Rhino

1.

2. 

3. 

4. 

5. 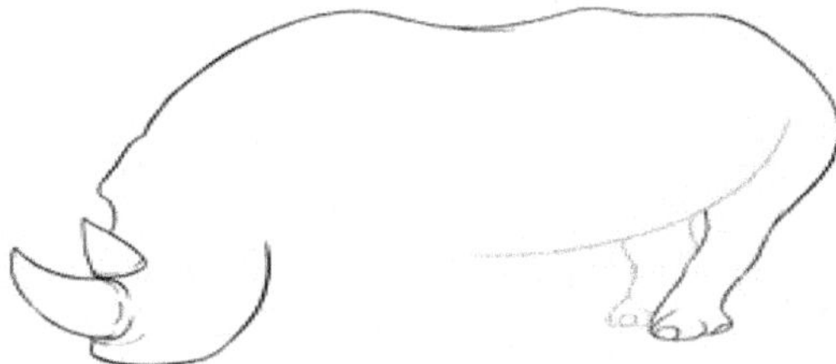

6. 

7. 

8. 

9. 

How to Draw a Sheep

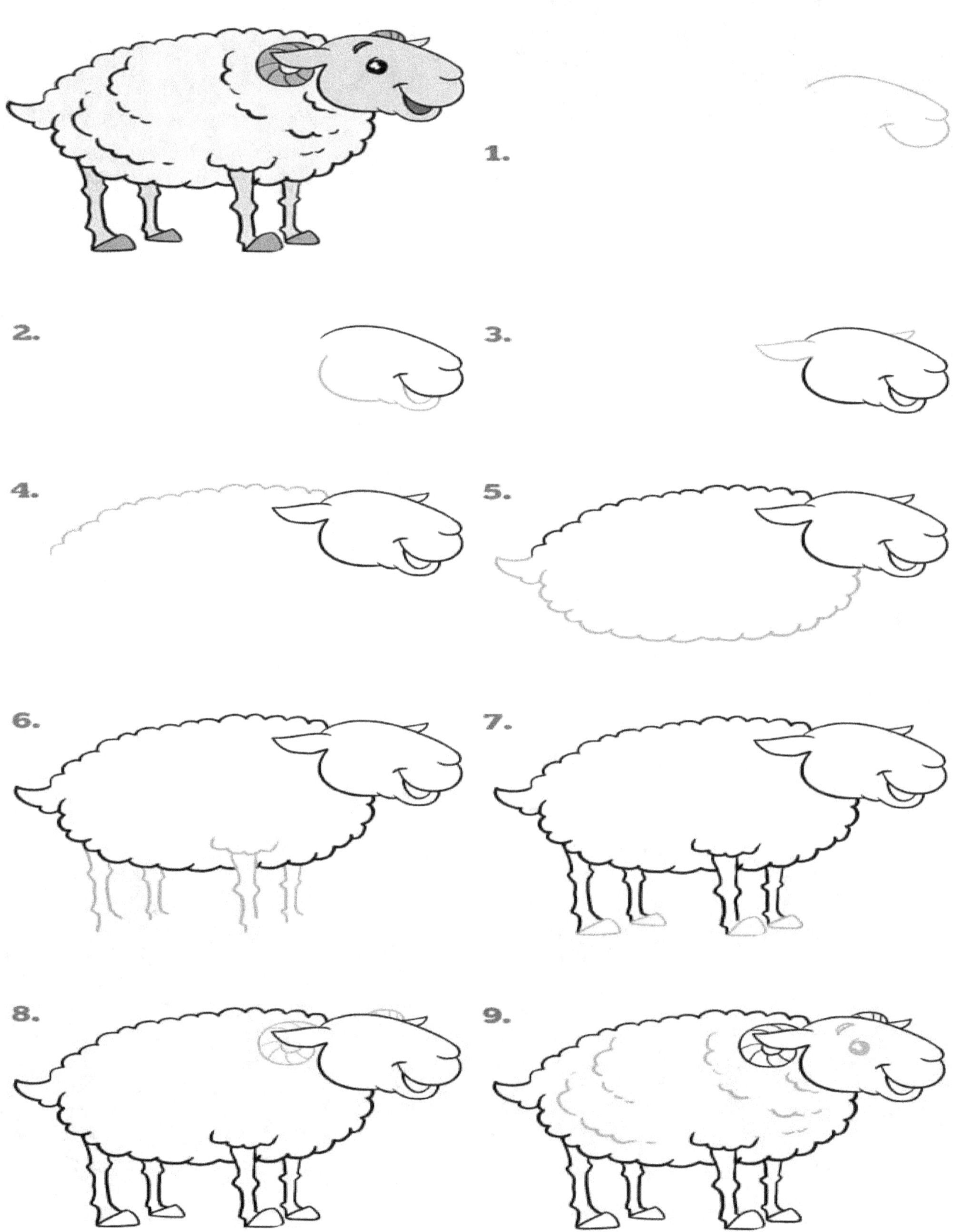

How to Draw
a Shiba Inu

1.

2.

3.

4.

5.

6.

7.

8.

9.

How to Draw a Skunk

1.

2.

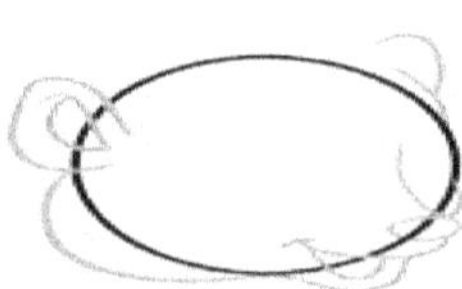

3.

4.

5.

6.

7.

8.

9.

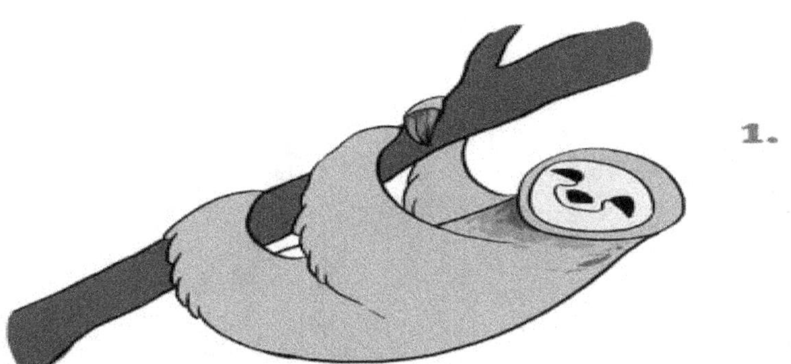

How to Draw a Sloth

1.

2.

3.

4.

5.

6.

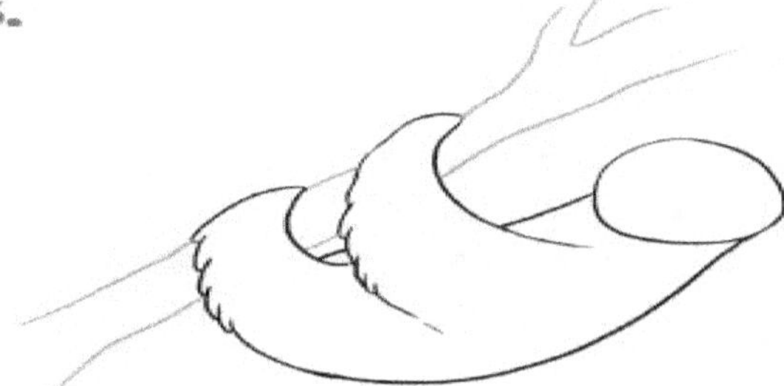

7.

8.

9.

How to Draw
a Snarling Wolf

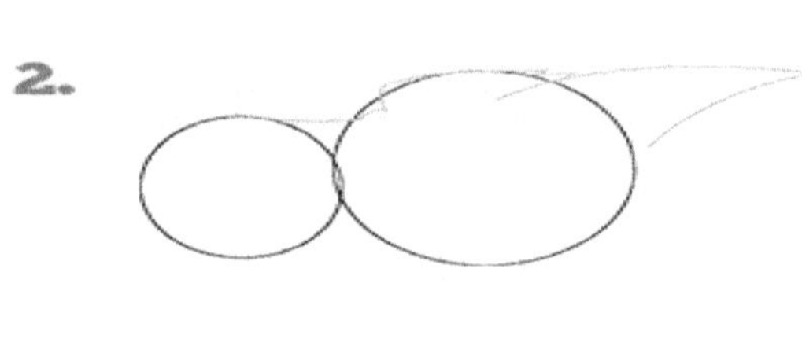

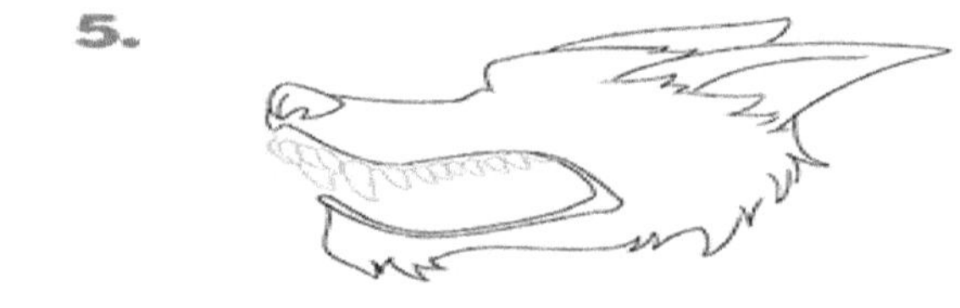

How to Draw
a Wolf Howling

1.

2. 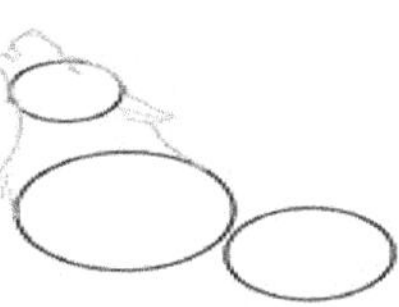

3. 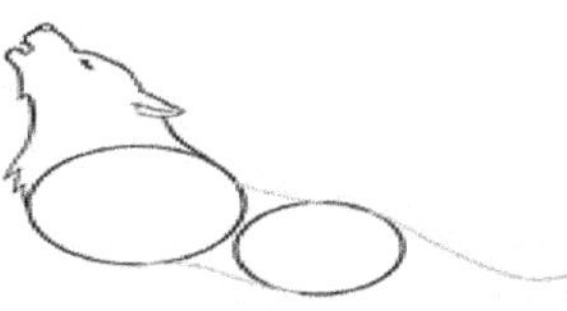

4. 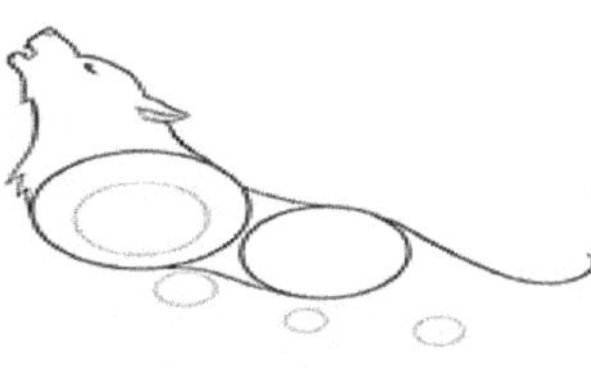

5. 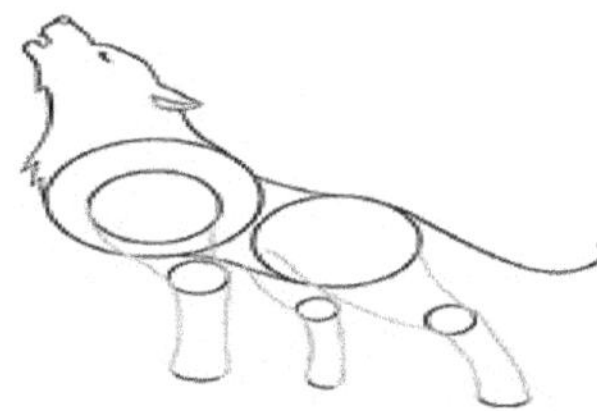

6. 

7. 

8. 

9. 

1.

2.

3.

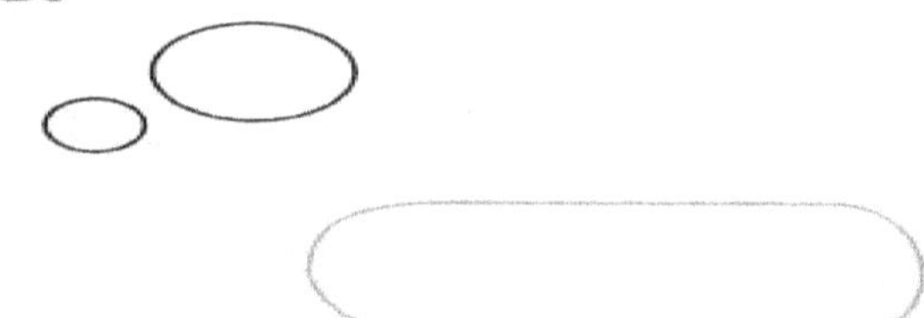

4.

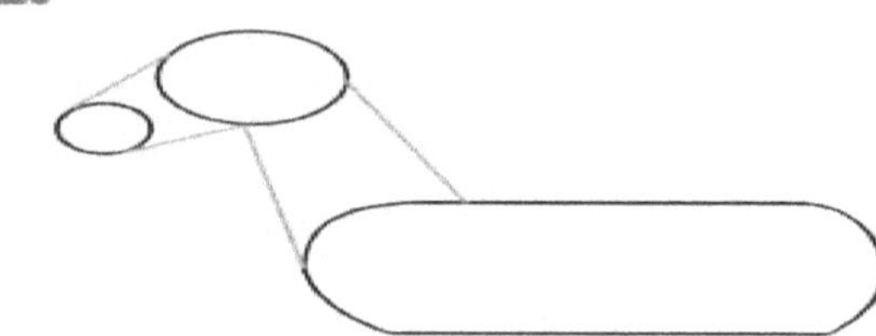

5.

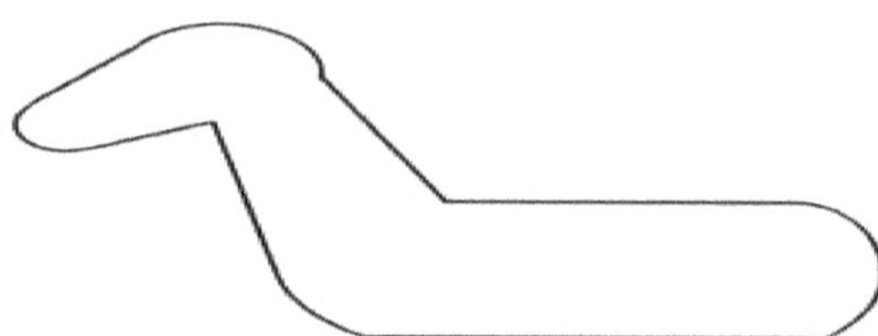

6.

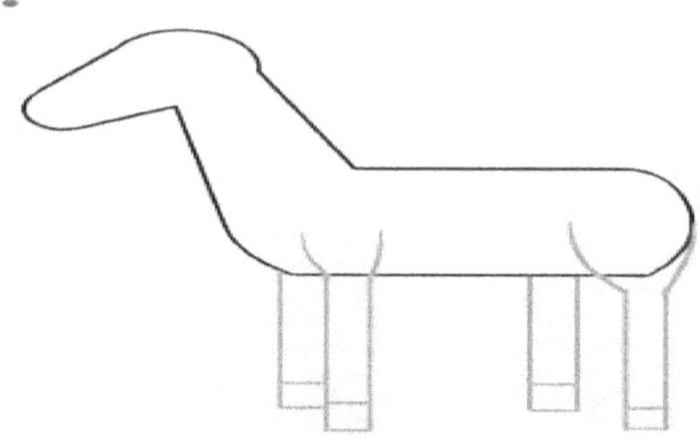

7.

8.

9.

How to Draw an Anime Dog

1.

2. 

3. 

4. 

5. 

6. 

7. 

8. 

9. 

www.ingramcontent.com/pod-product-compliance
Lightning Source LLC
Chambersburg PA
CBHW080723120726
48001CB00010B/3129